KB189977

나만의 색깔 & 나만의 가치

퍼스널브랜드로 리드하라

나만의 색깔 & 나만의 가치
퍼스널브랜드로 리드하라

초판 2쇄 인쇄일 2016년 7월 20일
초판 2쇄 발행일 2016년 7월 22일

지은이 박서연
펴낸이 양옥매
디자인 남다희
교　정 조준경

펴낸곳 도서출판 책과나무
출판등록 제2012-000376
주소 서울특별시 마포구 방울내로 79 이노빌딩 302호
대표전화 02.372.1537　**팩스** 02.372.1538
이메일 booknamu2007@naver.com
홈페이지 www.booknamu.com
ISBN 979-11-5776-192-0(03320)

이 도서의 국립중앙도서관 출판시도서목록(CIP)은 서지정보유통지원 시스템
홈페이지(http://seoji.nl.go.kr)와 국가자료공동목록시스템
(http://www.nl.go.kr/kolisnet)에서 이용하실 수 있습니다.
(CIP제어번호 : CIP2016012115)

나만의 색깔 & 나만의 가치

퍼스널 브랜드로 리드하라

박서연 지음

책과나무

추천사

이 책을 추천하는 이유

인생은 선택이라는 말이 있다. 순간마다 우리는 무엇인가를 선택한다. 선택하는 권리는 자신에게 있으나, 그 결과는 그 사람의 인생을 결정한다. 이미지(Image)도 선택이다. 바꿔 말하면 지금 보여 지고 있는 자신의 이미지는 과거의 선택에 의한 결과현상에 불과하다는 뜻이다. 따라서 현재의 선택이 자신의 미래의 모습을 바뀌게 한다.

개인이 지금까지의 종합적인 자신의 모습을 신분과 역할에 맞도록 향상시키는 일은 자기성숙과 발전의 지름길이다. 그렇게 하려면 자신이 누구인지부터 알아야 한다. 자신에 대한 막연한 기대와 근거 없는 확신은 곧 자기무지이다. 자기무지(self-stupidity)는 자기 과신으로 나타나거나 자기비하로 전락하기 쉽다. 자신의 고귀한 가치를 다른 사람들이 오해와 편견에 그대로 방치해 두면 서로에 대한 추측과 오해가 난무하게 되고, 결국 대인관계를 통한 자신의 목표달성은 묘연해지게 된다.

개인의 이미지(Self-image)는 자신뿐만이 아니라 다른 사람에게 각인되고 보관되어지는 그 사람에 관한 총체적인 정보자료이다. 그러므로 다른 사람에게 각인되어지기 이전에 자신의 원하는 이미지로 만들어 놓고 다른 사람들이 인정하도록 적극적으로 표현하고 설득해야할 필요가 있다. 그 필요를 충족시키기 위한 과정이 바로 이미지 메이킹(Image Making)이다. 이미지 메이킹이란 개인이 추구하는 목표를 이루기 위해 자기 이미지를 통합적으로 관리하는 행위이자, 자기향상을 위한 개인의 노력을 총칭하는 것이다.

이 책의 저자인 박서연 교수는 이미지 메이킹의 학문적 지류인 퍼스널 브랜딩을 체계화하고 구축한 자랑스런 나의 제자이자 동지이다. 이 책에는 기대했던 대로 개인의 퍼스널 브랜드를 완성하고 리드하기 위한 실전 전략과 행동지침이 고스란히 배어 있다. 이는 저자가 젊은 나이에 인생의 희로애락과 여러 가지 숨 막히는 자신과의 처절한 싸움에서 승리한 무용담이자 승전가의 가사가 녹아있기 때문일 것이다.

아무쪼록 이 책을 통하여 자기가 누구이며, 왜 살아가고 있는지, 무엇을 추구하고 있는지, 그리고 어떻게 자신의 가치를 펼쳐야 할지에 대한 방향성이 확보되기를 기대한다.

김경호 교육학 박사
한국 최초 「이미지 메이킹 프로그램」 개발 및 선구자
이화여대 글로벌미래평생교육원 「이미지 컨설턴트 자격과정」 주임교수
한국이미지경영학회 설립자 겸 이사장

나다움은 남다름에서 나오지 않고 색다름에서 나온다. 색다르면 저절로 남달라지고 나다워진다. 나만의 색다름으로 무장한 퍼스널 브랜드가 그 누구도 쉽게 모방할 수 없는 나다움이다. 《퍼스널 브랜드로 리드하라》는 책은 나만의 색깔로 퍼스널 브랜드를 구축하고 싶은 사람에게 단서를 제공해줄 비밀의 열쇠를 줄 것이다.

유영만 지식생태학자 한양대학교 교수, 《니체는 나체다》 저자

'이미지가 경쟁력'이 되는 사회에서 성공적 삶을 살아가기 위해서는 자신만의 차별화된 이미지를 만들어가기 위한 부단한 노력이 필요하다. 이 책은 사람들에게 자신의 브랜드 가치를 높일 수 있는 구체적인 방법을 제시하여 자신의 분야에서 성공할 수 있도록 도와줄 것이다.

김애련 한국이미지경영학회 회장

시대적으로 차별화 있는 이미지전략이 필요한 때입니다. 이미지는 곧 자기 브랜드 가치의 척도입니다. 매력적인 이미지로 자기 브랜드를 만들고 차별화 있는 경쟁력을 갖추고자 하는 모든 분들이 꼭 읽어야 할 필독서로 자신 있게 권합니다.

송은영 한국이미지경영학회 명예회장/교육학 박사

사람들은 누구나 최고의 삶을 살고 싶어 하지만 정작 그 방법을 아는 사람은 많지 않다. 사회적 계층의 TOP이 되는 은밀한 법칙을 보고 싶은 사람들에게 소개하고 싶어서 벌써부터 입이 근질거린다. 이 책은 바로 그 특별한 상징이 되어 아우라를 뿜어내고 싶은 이들만을 위한 책이다.

조세현 (사)대한민국브랜드협회 이사장

'퍼스널브랜드로 리드하라'는 기존의 단순한 이론이나 형식적인 브랜드에 대한 얕은 내용이 아닌 브랜드 특히, 퍼스널브랜드를 만들기 위한 모든 것을 자세히 그리고 이해하기 쉽게 정말 잘 표현하고 있다. 나를 지금보다 더 나은 모습으로 발전시켜 줄 이 책을 마케팅전문가로서 적극 추천하고자 한다.

고태형 박사 '마케팅 대통령' 저자

본능적을 끌리는 사람이 있다. 첫만남에서부터 매력을 느낄 수 있고, 호감을 불러일으키는 사람. 퍼스널브랜드는 이런 매력적인 끌림을 가능케 한다. 박서연 저자 또한 이런 매력적인 끌림이 있는 사람이다. 저자의 책을 통해 퍼스널브랜드로 고민하는 사람들이 호감을 이끌고, 매력을 발산할 수 있는 기회를 얻게 되길 바란다.

이장우 박사 Idea Doctor '세상은 문밖에 있다' 저자

본능적으로 끌리는 사람이
성공한다!

외모가 곧 경쟁력인 시대는 지났다. 이젠 프로다운 이미지와 더불어 훌륭한 매너를 갖춘 매력적인 사람이 이 시대가 요구하는 인재상이 아닐까 한다.

'외모지상주의'라는 현실을 비난할 수만은 없는 사회에서 외적 이미지가 주는 신뢰감 등의 파급효과는 크다. 하지만 외적 이미지만 가지고는 사회에서 성공할 수 없다. 이 시대는 점점 더 많은 것을 요구하기 때문에 날이 갈수록 시대가 요구하는 인재는 업그레이드되어 가고 있다.

상대에게 첫인상을 줄 수 있는 기회는 딱 한 번뿐이다. 상대와 마주친 순간 그 사람에게 '나'라는 사람에 대해 많은 생각들이 머릿속에 교차할 것이다. 이 모든 일들은 무려 몇 초 안에 일어난다. 말하자면 몇 분이 지나기도 전에 상대에게 평가를 받게 되는 것이다. 첫인상의 판단이 오류가 있든 없든, 그 사실이 맞건 아니건 간에 확정지은 첫인상을 바꾸는 일은 무척 어려운 일이다.

하지만 유난히 첫인상도 좋고 다른 사람들과 쉽게 어울리며 어느 상황 속에서도 상대에게 편안함을 주는 그러한 사람도 있다. 이런 사람들은 결코 타고난 재능이 있는 것이 아니다. 단지 방법과 여러 테크닉적인 요소들을 습득하여 훈련을 통해 상대에게 편안한 모습으로 나의 이미지를 연출하는 것뿐이다. 이와 같이 본능적으로 상대에게 편안하게 다가가는 마력 같은 사람은 없다.

당신은 어떤 매력을 가지고 있는가?

대인관계에서 매력은 이미지로 기억된다. 작은 습관이 상대에게는 결정적인 실수가 될 수 있다. 말이나 행동의 실수가 예의 없고 몰상식한 사람으로 낙인찍히지만, 작은 친절은 상대에게 호감을 주고 매력 있는 사람으로 각인된다.

당신은 낙인찍히는 것을 원하는가? 아니면 각인되는 것을 원하는가? 성공하려면 상대에게 당신의 도전적이고 창의적인 사람, 예의와 신의를 가진 사람으로 각인시켜야 한다.

상대방과 어떻게 대화하는 것이 좋은지, 사람들에게 당신의 매력을 어떻게 어필할 것인지, 상대에게 좀 더 신뢰감 있는 모습을 어떻게 전달할 것인지, 여러 다양한 상황 속에서 자신만의 브랜드 가치를 높이는 방법을 이해하기 쉽게 이 책을 통해 제시하고자 한다. 이 책은 당신이 만나는 모든 사람들에게 긍정적인 반응을 보이게 될 것이고, 좋은 첫인상을 주는 호감도를 높일 것이며, 그야말로 매력적인 사람으로 생각하게끔 만들어 줄 것이다.

이 책을 통해 당신도 상황에 따른 카멜레온 같은 모습으로 상대에게 호감을 이끄는 매력 가이드의 도움을 받을 수 있을 것이라 확신한다. 사람마다 개성이 다 다르고 보는 관점이 다르기 때문에 외적인 스타일적인 면에서는 정답이 없을 것이라 생각되지만, 각각 자신만의 빛나는 퍼스널 브랜드 가치를 높이는 데 날개를 달아 줄 수 있는 책이 될 것이라고 생각한다.

당신에게 다른 사람과 차별화된 매력이 없다면, 이 책을 통해 매력 있고 아름다운 이미지를 가진 사람으로 변신하여, 원만한 대인관계를 통해 상대로부터 인정받아 성공하시길 바랍니다.

2016년 5월 15일

매력적인 퍼스널브랜딩 1
"외모"

호감 가는 얼굴경영을 하라
첫인상에 승부를 걸어라
자존감으로 매력도를 높여라
옷은 당신의 인격이다
눈 맞춤으로 상대의 마음을 이끌어라
보디랭귀지는 제 2의 언어다

용모와 복장이 잘 갖추어진 사람은
그 사람의 내면을 보려고 하지만,
용모와 복장이 잘 갖추어지지 않은 사람은
자꾸만 그 사람의 외모만 보려고 한다. -코코샤넬

텍사스대 경제학과 교수 다니엘 해머메쉬는 자신의 저서 〈아름다움
은 혜택이다: 왜 매력적인 사람들이 더 성공할까(Beauty Pays: Why
Attractive People Are More Successful)〉에서 외모가 얼마나 많은 혜
택을 주는지를 분석했다. 그의 연구에 따르면, 매력적인 사람은 평균
이하의 외모를 가진 사람보다 평균 3~4% 급여를 더 받는다고 한다.
이와같이 외모는 급여에도 영향을 미친다. 매력적인 외모는 상대를
매료시키는 첫 수단이자 방법인 셈이다.

1

호감 가는 얼굴경영을 하라

20대의 당신의 얼굴은 자연이 준 것이지만,
50대의 당신의 얼굴은 스스로 가치를 만들어야 한다.

−가브리엘 코코 샤넬

얼굴은 밖이고 마음은 안이다

인도는 관상이나 손금보기의 발상지다. 인도에서 수상학(手相
學)이 등장하면서 이것이 손금이나 외형으로 상대의 운명을 점치는 기원이 되었다.

혹시 얼굴이라는 것이 오장육부에서 만들어졌다는 사실을 아는가? 얼굴의 관상이나 인상으로 상대를 측정하는 동양의 인상학은 중국에서 시작되었지만, 처음부터 인상학이라는 학문으로 시작된 것은 아니다. 얼굴을 보고 오장의 기운을 알 수 있으며, 얼굴은 모든 세포 인체의 기혈을 운행하고 조절하는 통로이기도 하다. 그래서 체형이나 얼굴을 보고 병을 진단하는 사람들에 의해 만들어진 것이 현재의 인상학 관련된 학문, 즉 폐 · 심장 · 비장 · 간장 · 신장의 기운이 모여 얼굴이라는 형상을 만들었다는 이야기다. 또한 얼굴 생김뿐 아니라 몸짓, 말씨 등을 종합적으로 관찰해 길흉을 내다보는 것으로 인상학이 주목되고 있다.

"마음이 중요하지 외모가 중요하지 않다."라는 말을 많이 들었을 텐데, 이 말은 인상학의 주장대로라면 잘못된 말인 셈이다. 결국 "마음이 좋으면 외모도 좋고, 마음이 나쁘면 외모도 나쁘다."는 말이 맞는 셈이다. 즉, 마음의 기운이 얼굴로 형성된 거라는 말도 신빙성이 있다는 이야기다. 얼굴 자체가 마음이기 때문에 마음 다르고 얼굴 다른 게 아니다. 하지만 깊은 곳에 감춰져 있는 마음까지 읽기란 쉽지 않다.

인상은 유전적 요소보다는 환경에서 오는 마음의 상태를 확실히 나타내 보인다. 인상이 좋은 사람은 대인관계도 원활한 사람임을 알 수 있다. 흔히 '첫인상이 좋다', '왠지 느낌이 안 좋아' 혹은 '맘에 안 드는 인상이야'라는 말은 이미 그 사람의 인상 하나로 모든 것을 평가 내리는 말이기도 하다.

성형수술보다 더 중요한 것은 표정 관리이다

좋은 이미지를 필요로 하는 사람은 연예인이나 정치인만의 이야기가 아니다. 현대사회에서 비즈니스인들에게도 외적으로 보이는 파급효과가 크다. '이미지가 좋다' 또는 '인상이 좋은 사람'이라는 말은 특히나 외부적으로 비즈니스를 하는 사람에게 칭찬 이상의 가치가 있다.

우리는 얼굴의 표정을 보면, 지금 그 사람의 기분이나 반응을 알 수 있다. 그리스의 철학자 아리스토텔레스는 얼굴이 마음과 관계가 깊다는 것을 발견하였고, 그 이후 여러 학자들이 얼굴 연구에 많은 관심을 보였다. 일반적인 동물과 달리 사람은 희로애락 등의 모든 감정이 얼굴에 표현된다.

이러한 얼굴의 표정 움직임은 지능의 발달과도 관계가 있다고 한다. 지능 발육이 늦은 아이는 얼굴 근육의 움직임이 나쁘다고 한다. 예를 들면 어린이가 처음 만들 수 있는 표정은 웃기, 괴로움, 화냄의 순서이고, 이 세 표현은 지능이 낮은 아이도 할 수 있다. 그러나 놀라는 모습과 만족감을 얼굴에 표현하는 모습은 10세 이하의 어린이에게는 무척 어렵다.

인상학은 관상학과 달리 얼굴뿐만 아니라 한 사람의 인상과 사회적 관계를 관찰해, 그 사람의 명예와 부 그리고 건강을 진단하는 학문이다. 사회적 관계까지 진단하기 때문에 인상학은 관상학에 비해 그 활용의 폭이 넓은 편이다.

인상 관리는 어디서부터 시작할까?

약 20년 전 ○○ 화장품 방문판매회사의 지부장으로 일한 적이 있었다. 눈썹은 일자형, 얼굴 근육은 많이 굳어져 있었으며 활짝 웃기보다는 나의 눈빛에는 항상 열정만이 가득했다. 늘 매출과 직원들 관리 그리고 목표량 달성 및 여러 마찰로 인해 조직원들에게 야단치는 일들이 많았다. 그래서 여성스러운 러블리한 이미지보다는 카리스마 있는 여장군의 강한 얼굴의 인상이었다.

　그러던 어느 날, 나의 오랜 멘토의 역할을 해 주신 상사의 "너무 강하면 부러진다."는 조언에, 내 스스로를 변화하기 시작했다. 속으로는 적응이 안되었지만 부드러운 목소리 톤과 표정, 그리고 행동 하나하나까지 나 스스로 훈련을 하며 바꿔 나갔다.

　그리고 시간이 흐름에 따라 자연스런 모습으로 마음까지 온화하고 부드러워지는 나를 발견할 수 있었다. 상사의 조언을 생각하며 늘 웃음을 잃지 않으려는 마음, 직원들을 이해하려는 마음을 가지다 보니 예전의 차갑고 강한 카리스마의 모습이 아닌 부드럽고 밝은 내 모습으로 변하게 된 것이다.

사람의 얼굴은 60여 개의 근육으로 이루어져 있다. 얼굴의 20%~30%는 타고난 얼굴이고, 70%~80%는 후천적인 환경이나 노력에 의해 만들어진다. 그 중 40개 이상이 표정에 의해 영향을 받는다고 하는데, 긍정적이고 밝은 마음으로 살면 밝은 표정을 만드는 근육이 발달하게 되고, 얼굴빛은 밝은 빛으로 윤이 나게 되어 좋은 운을 불러오게 되는 것이다.

즉, 자신의 얼굴 안에 있는 표정들을 긍정적으로 얼마나 많이 사용하느냐에 따라 성공적인 좋은 기운이 들어오게 된다. 좋은 기운을 불러일으키려면 좋은 얼굴을 유지해야 하며 나의 인상도 좋게 써야 한다는 것이 중요하다. 누군가를 만났을 때 항상 밝게 웃는 미소, 항상 좋은 말들로 오가는 이야기들을 시작해 보자. 주변에 좋은 사람들이 모이게 되고 좋은 사람들의 기운으로 좋은 일이 생기는 것은 당연하지 않은가?

인상학을 접목한 운이 열리는 당신의 메이크업

자연스러운 화장은 모든 행운을 불러일으킨다. 지금까지 당신의 메이크업이 아름다움을 뽐내는 것으로만 사용되었다면, 이것은 단지 시각적으로 화려한 즐거움만 줄 뿐이다. 사람들은 저마다 태어날 때부터 타고난 얼굴이 있다. 앞서 말했던 관상학이나 인상학이 좋은 이목구비를 가졌다고 하더라도, 자신의 타고난 이목구비의 행운을 잃는 경우도 있다. 왜냐하면 바로 당신의 나쁜 화장법으로 인해 좋은 인상의 기운을 나쁜 기운으로 변화시키기 때문이다. 당신의 운이 열리길 바라면서 내 실제 경험담을 토대로 최고의 행운을 깃들게 하는 메이크업 이야기를 해 보려 한다.

눈과 눈썹

눈과 눈썹 사이는 '전택(田宅)'이라고 해서 '인상학'으로서 애정운, 남편운을 나타낸다. 이 사이가 너무 떨어져 있으면 대인관계에서는 친근한 인상을 주게 되지만 중요한 일을 놓쳐 버리거나 공들여 만들어 놓은 일들이 실패할 수가 있으니 눈과 눈썹 사이를 체크해 보는 것이 좋다. 눈과 눈썹 사이는 가로로 손가락 한 개가 들어갈 정도가 이상적이다. 만약 눈과 눈썹사이가 넓은 사람이라면 눈썹위쪽을 그리지말고 눈썹아래쪽을 그려주는 것이 좋다. 그리고 눈썹 사이가 지저분해지지 않도록 깨끗이 정리하여 간격을 유지하는 것이 좋다.

눈썹이 곱게 누워 있으면 정서적이고 감성적이지만, 너무 연하면 외로움을 즐기는 스타일이다. 눈썹이 짧고 앞부분만 진하면 머리는 좋지만 대인관계가 나쁘고, 너무 길어서 축 처지면 기가 원활하게 통하지 않아 답답한 일이 생기기 쉽다고 한다. 좋은 기운의 눈썹은 가지런하면서 살이 보일 정도로 적당하게 짙어야 대인관계가 좋고 주변에 도와주는 사람이 많다. 일자 눈썹의 소유자는 고집이 강한 타입이어서 사람들과 부딪힐 일이 많을 수 있으니, 약간 곡선의 눈썹을 만들어 주면 유연한 기운을 불러올 수 있다.

눈썹이 주는 인상은 크다. 그림을 그릴 때도 눈썹의 모양에 따라 그림 속 주인공 표정이 화난 얼굴, 웃음이 가득한 얼굴로 구분할 수 있다. 얼굴 중에서 눈썹은 화장의 힘으로 얼마든지 변화가 가능한 부분이다. 가장 이상적인 눈썹 모양으로는 '자연스러운 둥근 눈썹'을 추천한다.

인상에서도 눈이 가장 중요하다. 우선 눈과 눈썹이 조화를 이루어야 한다. 눈이 집이면 눈썹은 지붕과 같아서 눈썹이 눈보다 길어야 한다는 속설이 있다. 그렇다고 너무 길면 지붕이 집을 누르는 격으로 인상이 지나치게 강해 보일 수 있음을 주의해야 한다.

특히 부부동반으로 외출할 때는 아이라이너로 눈을 길게 그리면서 끝을 살짝 올리면, 타인을 배려하는 생각이 깊은 눈으로 보여 좋은 인상을 주게 된다. 그리고 아이섀도를 바를 때는 칙칙하거나 어두운 계열의 색은 피하는 것이 좋고, 여성의 매력을 발산하는 파스텔 톤의 핑크색이나 오렌지색, 혹은 금빛이 도는 색상이 행운을 깃들게 하는 마력과 같은 색상이니 참고하길 바란다.

'재복' 나타내는 콧방울! 금전운을 부르는 마력의 코의 비밀
얼굴의 중심부분인 코는 재복과 생명력을 상징하는 부분이다. 사람의 운을 나타내는 중요한 부분인 코는 자신 스스로가 잘 살펴보고 행운을 잡아야 한다.

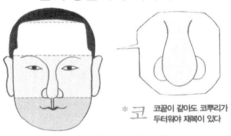

코끝이 둥글어야 재복이 있다!

＊ 코   코끝이 같아도 코뿌리가 두터워야 재복이 있다

▶ 이미지출처 = 허영만 꼴

외모지상주의 시대에 코 성형도 3명 중 1명꼴로 한다고 한다, 요즘 유행하는 코 모양의 스타일은 높고 가느다란 바비인형 형태의 코이다. 이 코는 관상학적으로 아주 위험한 코이다.

만약 이런 코를 가지고 있다면 콧방울에 하이라이트를 이용해 조금은 통통한 형태로 보이게 메이크업하라. 이런 화장법은 금전운을 부를 수 있다. 단, 펄이 들어가 있지 않는 하얀 하이라이트를 콧방울의 양쪽에 눈에 띄지 않을 정도로 한다.

입은 복을 담는 그릇! 복을 담는 립 메이크업

19세기 초, 스코틀랜드의 해부생리학 교수 알렉산더 워커는 라바터의 책에서 특정 이목구비가 특정 성격과 관련이 깊은지에 관해 이야기했다. 입술은 촉감에 민감한 부위이자 혀와 가까이 있기 때문에 이것을 욕망의 지표라 비유했다. 입술이 얇은 사람은 입이 짧고 욕망이 별로 없는 의미인 반면 두툼한 입술은 그 반대의 의미를 지녔다는 것이다.

앵두같이 통통하며 입꼬리가 올라간 입가는 왠지 누가 봐도 매력적이다. 기쁨이 넘쳐 미소를 짓는 사람을 바라보면 옆에 있는 사람도 덩달아 행복한 기운이 전해진다. 하지만 여기서 주의해야 할 점이 웃을 때 입꼬리 올라간 부분의 좌우 균형이 맞는지 살펴보아야 한다는 점이다. 웃는 모습이 비웃음이나 웃는 게 아닌 모습으로 비춰질 수도 있기 때문이다. 이와 같이 입은 품성이나 교양을 볼 수 있는 중요한 부분이다. 또 금전운, 일운 등과 관련되어 있는 부분이기도 한다.

잠깐 거울을 보고 당신의 입이 어떤 형태를 하고 있는지 살펴보자. 균형이 맞는 입의 크기를 보는 법은 양쪽 검은 눈동자의 안쪽을 중심으로 수직선 안으로 들어와 있으면 입의 크기가 적당하고, 그보다 더 안쪽에 들어가면 작고, 밖으로 나가게 되면 큰 입이라고 볼 수 있다. 혹시 내 입술이 평균의 입보다 작거나 크더라도 걱정하지 않아도 된다. 바로 립 메이크업 하나로 고칠 수 있기 때문이다.

큰 입은 금전운이 좋은 사람이며, 활동적인 자세의 사람에게 많이 볼 수 있는데, 커리어 우먼에게는 아주 제격인 입술이다. 만약 원래 큰 입을 갖고 있지 않다면 자신의 입술 선을 파운데이션으로 없애고, 입술을 크게 강조하는 메이크업을 하면 된다. 이 메이크업은 활동적인 여성에게 일운을 들어오게 하는 메이크업이지만, 가정의 행복함을 원하는 사람은 너무 입술을 크게 그리지 않는 것이 좋다. 입이 너무 크면 가정 안에서 작고 큰 풍파가 일어나기 쉽기 때문이다.

입술을 그릴 때는 입술 라인을 확실히 보이게 하는 것이 좋다. 따라서 립펜슬로 정성껏 테두리를 그린 후 립스틱을 칠하는 것이 좋으며, 입술 끝을 올리고 입술 산을 확실히 그리는 것이 포인트다.

밝은 핑크색 립스틱은 로맨스를 불러일으킨다

일운, 남자운, 금전운을 누리려고 큰 입을 강조한 메이크업은 자칫 애정운을 달아나게 할 수 있다. 사랑받는 여성으로

서의 좀 더 남성들의 인기를 독차지하려면 큰 입을 강조하는 메이크업은 잠시 접어둔다. 애정운과 연애운을 좋게 하기 위해서는 밝은 핑크색 립스틱이 좋으며, 입가에 상냥함과 밝은 표정의 인상을 주는 러블리한 색상 핑크의 위력을 지금 바로 느껴 보길 바란다.

작은 얼굴 화장법이 반드시 좋은 건 아니다

많은 사람들이 화장을 할 때 얼굴이 작아 보이도록 하기 위해 신경을 쓰는데, 인상학적 관점에서 작은 얼굴이 반드시 좋은 것은 아니다. 특히 얼굴이 작아 보이도록 하기 위해 턱과 이마에 어두운 그림자를 만드는 것은 건강하지 못한 나쁜 기운을 나타내므로 피해야 한다.

　또한 볼 터치를 할 때도 주의가 필요하다. 과거엔 귀 옆쪽 뺨에 볼터치를 하는 화장이 유행하였지만, 요즘엔 광대뼈를 강조하여 발그레한 소녀이미지를 연출하는 것이 유행이다. 하지만 광대뼈 앞부분을 붉게 하는 화장법은 구설수에 오르내릴 수도 있기 때문에 메이크업할 때 참고하는 것이 좋다.

인생을 살아가면서 여러 가지 일로 힘들 때가 많다. 밝고 적극적인 마음가짐도 중요하지만, 얼마만큼 내 얼굴에 밝음이 나타나는지가 가장 중요하다. 항상 거울을 보며 자신의 얼굴에 밝은 빛과 좋은 행운이 깃드는 메이크업으로 당신에게도 항상 행운이 함께 하길 바란다.

우리의 인상과 삶은 고정되어 있는 것이 아니다. 끊임없이 노력하여 멋진 삶과 행운의 인상을 만들도록 노력하여야 한다. 지금 당장 날이 선 눈매를 풀고 입꼬리를 올려 거울을 보면서 아름다운 미소를 지어 보자. 그렇다면 복은 저절로 들어올 것이다.

첫인상에 승부를 걸어라

좋은 첫인상을 남길 수 있는 기회란 결코 두 번 다시 오지 않는다.

−디오도어 루빈

초두효과 (Primacy Effect)

자신의 첫인상을 미리 준비해 놓지 않으면 좋은 대우를 받기 어렵다. 첫인상을 어떻게 보이느냐에 따라서 상대에 대한 이미지가 각인된다. 실수를 보이지 않고 서로간의 신뢰감을 주어야 한다. 처음에 미움이나 신뢰감을 잃으면 회복하는 시간이 오래 걸린다. 첫인상이 잘못 입력되면 좋은 면까지도 거부하게 된다. 이를 '초두효과(Primacy Effect)'라고 한다.

인생을 살아가는 데 있어 가장 중요한 관계 맺기의 첫 단추가 되는 첫인상은 한번 고정되면 쉽게 바뀌지 않는다는 사실이다. 게다가 5초 안이면 누군가에 대한 첫인상이 결정되고, 한 번 각인된 이미지를 바꾸는 데는 상대를 60번이나 만나야 하니 그야말로 첫인상 하나로 우리의 운명이 갈린다 해도 과언이 아니다.

한 결혼정보 회사의 통계에서는 배우자를 찾는 사람의 40.6%가 만남을 지속하려면 1시간 내 "필이 꽂혀야 한다."고 한다. 기업에서도 함께 할 인재를 채용할 때 이력서에 붙은 사진과 면접에서 받은 첫인상을 바탕으로 직원을 채용한다. 실제 기업 인사담당자들은 입사지원서에 붙은 사진을 보고 절반 이상을 평가한다고 답했다.

취업포털 잡코리아에서 직장인 822명을 대상으로 "직장에서 첫인상의 영향"에 대해 설문조사를 하였다. '거래처나 동료와의 대인관계에서 첫인상이 유지되는 편입니까? 일하면서 바꿔는 편입니까?'라는 설문조사 결과, '유지되는 편'이 54.4%, '일하면서 바뀌는 편' 45.6%이라는 답을 했다. 특히 남성 직장인은 '유지되는 편'이라는 사람이 62.7%로 '일하면서 바뀌는 편'이 37.3%였다. 반면 여성 직장인은 '일하면서 바뀌는 편' 55.4% '유지되는 편'이 44.6%였다.

직장 생활이나 거래처, 동료 사이에서 첫인상을 결정하는 요인 1위는 무엇일까?

- 첫인상 결정 요인 1위는 74.5%로 '얼굴 표정'이었다.
- '외모의 준수한 정도' 49.4%
- '차림새(옷차림, 화장, 헤어스타일)' 40.0%였다.

그밖에 어투와 자주 사용하는 용어 등 32.1%, 체격(과체중이거나 마른 정도) 24.5%, 목소리톤 18.1%였다.

성별에 따라 첫인상에 영향을 미치는 설문결과 남성 직장인은

- 외모의 준수한 정도 55.1%,
- 체격 25.2%,
- 목소리톤 20.9%

여성 직장인 중에는

- 표정 75.3%
- 차림새 44.3%
- 말투 35.3%

남성과 여성은 첫인상에 미치는 결과가 각각 다르게 나타났다.

첫인상이 중요한 이유는 단 한번 잘못이 오랫동안 그 사람의 기억 속에 남아 잘잘못을 떠나 사실로 받아들여지기 쉽다는 데 있다. 첫인상을 결정짓는 요소 중에 시각적인 요소가 87%를 차지한다는 조사결과를 보더라도 처음에 남에게 어떻게 보이는가 하는 점은 아무리 강조해도 지나치지 않을 것이다.

캐나다에 있는 브리티시 콜롬비아대학 심리학자 델로이 폴러스 박사 등은 "첫인상이라는 것은 좀처럼 변하지 않는 성질의 것"이라는 놀라운 학설을 발표했다. 처음 본 상대에게 가진 인상은 7주가 지나도 거의 바뀌지 않았던 것이다.

호감 있는 첫인상을 만들어라
그렇다면 좋은 인상 만드는 방법에는 어떠한 것들이 있을까?

첫째, 상대의 시선을 잡아라.

만나기 전에 상대에 대한 정보를 파악하는 것이 중요하다. 맞선을 본다면 중매자를 통해 상대의 성격, 취미, 특징 등 좋아하는 것과 싫어하는 것에 대한 정보를 파악하여 복장이나 화장, 소지품 등의 액세서리를 계획적으로 준비하여 시선을 잡는다. 복장 스타일이나 색상 등은 상대의 시선을 집중시키는 효과가 높다. 액세서리, 스카프, 안경, 핸드백 등도 시선을 집중시키는 소품이다. 3초 이내에 시선을 집중시키려는 노력이 필요하다.

둘째, 상대의 마음을 흔들어라.

상대의 성격을 파악하여 어떻게 대화를 할 것인가, 첫 인사말이나 인사를 어떻게 할 것인가를 준비한다. 마음은 시선에서 파악하지 못한 성격이나 취미, 미래 비전에 대한 대화에서 결정된다.

"이 사람 괜찮은데?"라는 인상을 주는 것은 복장이나 외모보다 매너와 말의 내용이다. "생김새와 달라."라는 느낌을 만들면 상대의 마음을 흔든 것이다. 마음이 흔들리면 상대의 표정이 밝아지고 명랑해지며 친근감을 표시하게 된다.

셋째, 지속적으로 생각하게 여운을 만들어라.

한 번에 상대의 시선과 마음을 자극시키는 것보다 중요한 것은 관심을 이끌어 가는 것이다. "볼수록 다르네.", "또 다른 능력이 있을 것 같아.", "내가 의지해도 되겠다.", "나를 편하게 해 주는구나." 등의 여운을 만드는 것은 배려이다.

매너보다 중요한 것이 상대에 대한 배려의 행동과 마음이다.

일방적인 사람보다는 서로가 협의를 통해 만들어 가는 사람이 상대에게 여운을 만든다. 서로에게 이익을 줄 수 있다는 가능성을 보여 주면 만남은 지속되고, 만남을 통해 즐거움과 행복을 느끼게 된다.

몸짓과 대화로 첫인상을 연출하라!

사람들은 상대방의 몸짓, 시선, 대화 방식 등 첫 만남에서 얻은 제한적인 정보를 '첫인상'이라는 필터를 통해 받아들인다. 그리고 이는 지속되는 기억으로 작용한다. 이 때문에 상대방의 첫인상이 좋았던 경우와 그렇지 않았던 경우, 또 인상적이었던 경우와 그렇지 않은 경우에 따라 상대방에 대한 인식과 판단에 차이가 발생한다. 이러한 첫인상은 상대방이 말을 꺼내기도 전 또는 시선을 마주치기도 전에 순간적으로 결정된다.

우리는 지금 이 순간에도 몸짓, 표정, 시선 그 외에 수많은 섬세한 움직임으로 자신이 어떤 사람인지를 드러내고 있다. 이를 기초로 자신이 알지 못하는 사이에 첫인상이 형성되고, 그에 따라 사람들에게 때론 내 모습이 아닌 다른 모습을 보여 주기도 한다. 우리 각자의 첫인상을 어떻게 관리해서 상대로부터 우리가 원하는 관계를 이끌어 낼 것인가?

지난 1960년 미 대선을 거슬러 올라가 보자. 당시 케네디와 닉슨의 정책토론회는 처음으로 TV전파를 타고 진행되었는데,

이것은 열세를 면치 못하던 케네디의 지지율이 반전되어 이전까지의 판도가 완전히 뒤바뀌는 계기를 마련해 주었다.

텔레비전 공개토론을 앞두고 국민들에게 자신의 '젊고 패기에 찬 이미지'를 심어 주려는 전략을 위해 각 분야의 전문가들에게 얼굴이며 의상, 넥타이, 심지어 제스처, 표정, 자세에 이르기까지 세심한 조언을 받은 케네디 후보가 상대적으로 초췌하고 늙어 보이던 닉슨 후보의 이미지를 모든 국민들 앞에서 보기 좋게 눌러 버렸기 때문이다.

스타일을 바꾸는 것이 처음에는 어색하지만, 변화에 성공했을 때 그 무엇과도 비교할 수 없을 만큼 좋은 이미지가 만들어진다. 먼저 개선하고 싶은 점이 무엇인지 결정하고, 변화와 관련된 감정을 이해하고 이전의 말이나 행동을 바꾸는 연습을 하면서 발전하는 모습을 살피도록 한다. 당신은 이 짧은 시간에 어떤 모습을 보여 줄 것인지 그리고 어떻게 하면 좋은 인상을 줄 수 있을지를 알아보자.

우리는 새로운 사람을 만나면 그 사람이 어떤 사람인지 알고 싶어 한다. 사람을 세 가지 유형으로 구분한다.

- 돌쇠형 약간 무식하지만 믿음직한 유형
- 수다쟁이형 말이 많고 정신없이 떠드는 유형
- 반전 매력형 냉정해 보이지만 따뜻한 유형

상대방이 어떤 캐릭터에 속하는지 알고 나면 그 사람에 대한 자세한 정보는 몰라도 상당 부분 그 사람을 이해할 수 있다. 돌쇠형이 어떤 특징을 가진 사람인지 이미 우리 머릿속은 많은 이미지로 가득 차 있기 때문에 얼마나 좋은 사람인지 평가하거나 앞으로 어떻게 행동할지 예측하게 된다. 따라서 우리는 간결하면서도 강력한 호감형 이미지를 구축해야 상대의 호감을 얻을 수 있다.

어떤 첫인상을 만들 것인가?

상대의 만남은 하나의 예의로 시작된다. 상대에게 예의를 표시하는 자세부터가 첫인상의 준비이다. 평소 성격이나 습관들로 자신의 인상을 만들기 때문에 평소에 긍정적 생각을 가지고 외모나 매너에 자신감을 키우는 노력이 필요하다.

대인 관계는 상대적이다. 내가 어떤 인상을 주는가에 따라서 상대의 인상도 달라진다. 원만한 대인관계를 위해 좋은 인상, 편안한 인상을 만드는 노력이 필요하다.

"좋은 인상입니다."

부드러우면서 포근한 느낌을 주는 인상이 있지만, 예리하고 날카로운 강한 인상이 있다. 자신의 이미지를 어떤 인상으로 보여 주는가에 따라서 상대는 어떤 사람이라고 기억한다.

거만하다. 교만하다.

까다롭다. 피곤하다.

거칠다. 사납다.

부드럽다. 상냥하다.

매너 있다. 음흉하다.

순수하다. 명랑하다.

당신은 어떤 첫인상으로 기억되고 싶은가?

3

자존감으로 매력도를 높여라

낮은 자존감은 계속 브레이크를 밟으며 운전하는 것과 같다.

─맥스웰 말츠

취업준비생들에게 심각한 문제가 있다면 자존감이 상실되었다
는 점이다.

"왜 우리 회사에 지원했나요?"

취업이 되면 어떤 역할을 어떻게 얼마나 할 수 있는가에 대

한 질문이 이어진다. 이 대답을 하려면 자신에 대한 자존감과 자신감에 의한 능력이 확고해야 한다.

"왜 회사에 다니죠?"

그런데 이러한 질문에 대해 먹고살기 위해 다닌다. 할 일 없어 다닌다. 는 대답이 의외로 많다. 이런 대답은 자존감이 없고 자신감이 없는, 따라서 소속감이나 의무감이 없는 책임 없는 사람으로 비춰질 수 있다. 이런 책임 없고 능력 없는 사람을 기업이 선발할 이유는 없다.

스펙이 회사 근무에 아무런 가치가 없다는 것은 모든 기업이 인지하고 있는 사실이다. 회사에 필요한 사람은 학문적으로 우수한 사람보다 일에 충실하고 업무를 처리할 준비가 된 사람이다.

세계적인 초일류기업이 신입사원을 선발할 때 가장 중요하게 보는 것은 무엇보다도 인성이다. 인성을 '사람의 됨됨이'라고 하며 기본적인 인격을 가지고 있는가에 대한 평가이다. 사람관계에서 신뢰, 신의는 중요하다. 자존감이 신뢰와 신의, 책임과 의무, 이를 통한 자신감으로 이어져 업무적 능력까지 만든다.

자존감은 자부심으로 나타나기도 한다. 자신의 능력에 대한 자부심은 기업의 자부심으로, 기업관이 된다. 개인이나 기업 모두에게 자존감은 중요하다. 자존감은 결혼을 준비하는 사람들에게도 상대를 선택하는 기준의 하나이다. 자존감조차 없는 사람은 무능력자라고 평가할 수도 있다.

　물려받는 재산보다 자존감 있는 사람을 선택하는 이유는 재산은 관리를 잘못하면 사라지지만, 자존감은 평생 동안 자신을 지탱하는 힘이기 때문이다.

여성의 자존감

여성의 매력을 자존감에서 볼 수 있다. 정조가 있다는 것은 자존감이 있다는 것이다. 누구에게나 미소를 주지만 아무에게나 마음을 주지 않는다는 정조는 여성의 고귀함과 인품으로 나타난다.

　무조건 미소를 짓는 것보다 마음에서 묻어나와 짓는 미소가 자존감 있는 아름다운 미소이다. 사람은 본능적으로 기분이 좋을 때 미소를 짓는다. 이것은 상대에 대한 관심의 표현이다.

　여성은 무조건 미소를 지어야 한다는 것은 편견이다. 여성에게 선택권은 중요하다. 마음을 교류하는 것은 상대적이다. 상대가 자신을 인정해 줄 때 자신도 상대를 인정하는 것이 순리이다.

　여성이 무력할 때 남성은 여성을 마음대로 할 수 있다는 착각을 한다. 여성의 인권이 세계적으로 보장되고, 일부 직종에서 여성이 남성보다 인정받기 시작하면서 여성의 자존감이 부각되고 있다.

자존감은 노력에 의하여 만들어지고 자존감의 가치가 결정된다. 여성의 지위가 높아지면 남녀 평등시대에 상대적인 자존감을 심어 주는 교육이 필요하다. 독창적인 능력이 자존감으로 보일 때, 여성의 매력은 높아진다.

"항상 웃음을 주는 사람"

"절대 화를 내지 않는 사람"

어떤 경우에도 화를 내지 않고 웃는 사람이다.

"너 쓸개도 없냐?"

쓸개도 없냐는 말은 자존심도 없냐는 비아냥거림이지만, 여성의 보호관능이 상대를 편하게 하기 위한 행동이기도 하다. 누구나 감정을 가지고 있어 기분이 좋으면 웃고 나쁘면 화를 낸다. 화를 참는 것은 자존감이 높기 때문이다.

여성의 자존감은 본능적으로 상대를 포용하는 배려와 풍부한 이해력에서 가치가 높게 나타난다. 여성은 강하게 주장하지 않지만 결과적으로 강하게 주장하던 남성이 여성의 의견을 존중하고 받아들이게 만들어 내는 포용의 자존감이 화합을 만들어 가고 있다.

우먼(woman) 파워

동등한 인간적 가치에서 자신의 능력을 창출하고자 하는 마음은 인간적 본능이다. 지금은 시대의 변화에 따라 성차별에서 벗어나 자신의 능력을 나타내는 시대이다. 여성은 가정과 일을 동시에 하는 경우가 많다. 일을 선택한 여성은 자신의 자존감과 자신감의 가치를 창출하기 위함이다.

자존감은 자신의 가치를 스스로 주장하는 자신감이다. 이러한 가치는 저절로 만들어지는 것이 아니라 철저한 준비와 노력에 의하여 만들어진다. 많은 시간과 경비를 투자하여 능력을 개발하고도 자존감이나 자신감이 부족하여 전문성을 발휘하지 못한다면, 자신의 매력을 포기하는 것이다.

매력은 지속적으로 만들어갈 때 가치가 상승한다. 한 번에 만들어지는 매력보다는 지속적인 관리를 통해 만들어 가는 매력이 대중의 관심을 자극시킨다.

"김 대리, 매력적이야."

김 대리의 매력은 능력이나 외모보다 인간관계에 있다면, 조직원 관리자의 자격이 준비된 사람으로 평가받는다. 관리자에게 조직 관리능력은 인간관계를 이끌어 가는 힘이다. 관리자가 조직의 모든 것을 잘하는 것보다는 조직원이 각자의 역할을 잘하도록 관리하는 능력이 중요하다.

CEO의 입장에서 관리자는 조직원의 특성을 잘 자극시켜 조직의 경쟁력을 창출시키는 팀 관리능력이 있는 사람을 매력적인 관리자로 평가한다. 여성이 조직에서 관리자로서 인정받는 이유가 가족 관리에 능숙하기 때문이다.

조직원의 마음을 이해하고 동반자가 되어 주는 노력은 관리자의 매력적 능력이다. 직장생활을 하면서 자기 생각만을 주장하는 것은 올바른 직장생활을 하는 방법이 아니다. 서로 다른 생각을 협의하여 하나의 생각을 만들어 가는 것이 직장이다. 여성은 조직원의 특성을 잘 이해하는 특유의 포용력을 가지고 있다.

어쩌면 모성애가 조직 관리에 매력을 만든다고 볼 수 있다. 조직원의 감성을 자극하면서 자존감을 세워 주고 일에 대한 책임감도 자극시키는 조직 관리능력은 우먼파워 관리자의 매력이라 볼 수 있다.

자존감을 키우는 5가지 방법

- 존재감을 심어라(자아존중).
- 반복해서 칭찬하라.
- 소속감을 키워라.
- 가치관을 가져라.
- 가능성을 제시하라.

위의 다섯 가지를 키우는 비결은 긍정적 생각과 적극적 행동이다.

"나는 누구인가?"

"나에게 희망이 있을까?"

"내가 할 수 있는 것은 무엇인가?"

스스로에게 물어보고 답하는 『자문자답』이다.

"과연 내가 할 수 있을까?"

자아를 찾지 못하면 자존감을 얻지 못하여 끝없이 자신에게 질문하며 방황한다. 상대인정을 받기 위한 노력은 자존감이 있을 때이다. 상대가 무엇이라고 하든 관심을 갖지 않으면 자존감을 잃어 가게 된다. 확고한 믿음의 자존감을 가지고 있어야 차별화된 이미지를 가진다.

톡톡 튀는 이미지는 자존감을 가진 자신감이다. 남과 다른 차별화된 이미지는 원만한 대인관계를 이끌어 가는 힘이자 문제 해결 능력이다.

"나는 할 수 있다."

자아존중의 자존감을 확인하는 방법이다. 할 수 있다는 자신감을 만들기 위한 첫 번째 과정이 스스로를 인정하는 자아존중에 있다.

"나는 세상에 하나밖에 없는 존재이다."

스스로 자신을 인정할 때 가족으로부터 인정받는다.

"세상에 하나뿐인 엄마를 사랑합니다."

자녀가 부모에 대한 가치를 인정하는 것은 베풂 때문이고 조건 없는 나눔 때문이다. 가족 간 서로가 귀중한 가치를 인정할 때 가족의 행복이 존재한다. 서로를 칭찬하고 가족이라는 소속감과 가치관을 가져야 한다.

자존감은 칭찬으로 세운다

"역시 이 분야는 오 대리가 전문가야!"

상대로부터 인정받는다는 것은 자존감을 확인하고 자신감으로 도전하는 계기점이 된다. 특히 조직으로부터 인정을 받는다는 것은 사회생활에 가장 중요한 요소이다.

"내가 얼마나 공을 들인 것인데……."

열심히 만들고 노력한 것을 아무도 인정해 주지 않는다면 심리적 갈등과 삶의 희망, 의욕감도 상실하게 된다. 『자포자기』라는 것은 상실감과 허탈감에서 나타나는 현상이다. 상대의 관심을 얻지 못하고 비평을 받는다면 스스로 무너지게 된다.

작은 칭찬이 자존감을 세워 준다. 60점을 받던 자녀가 61점을 받았다면 가능성을 칭찬해야 한다.

"모두가 80점을 받았다는데, 너는 61점이야?"

자녀의 상처는 작은 말 한마디에서 비롯된다. 사소하게 생각하고 무심코 던진 말이 자녀에게는 심각한 마음의 상처가 된다. 1점의 차이는 아무런 차이도 아니지만, 1점에 대한 칭찬을 받는 자녀는 자신의 가능성을 발견하고 자신감을 가지게 된다.

첫 출근부터 지각하는 신입사원을 질책할 것인가? 첫 출근을 지각했다면 여러 가지 원인이 있을 것이다. 상사는 질책이나 문책의 관리 방법보다 스스로 깨닫고 실천하게 만드는 것이 효과적인 조직 관리 방법이다.

질책은 시간적 차이나 환경과 조건에 적합한 방법일 때 효과가 있다. 자신의 실수는 스스로가 잘 알고 있다. 실수를 질책하지 않을 때 사원의 입장은 가시방석이다. 매력적인 관리자는 감정이 있을 때 질책하지 않는다. 시간적 차이를 두고 스스로 고백하고 실수를 인정하게 만든다.

"죄송합니다. 이런 사건이 있어 늦었습니다."

스스로 인정하는 자세가 업무에 충실히 임하는 자세이다.

"무슨 일이 있었나?"

점심이나 오후 티타임에 조용히 지각한 사원을 부르거나 차한 잔을 마시며 지각에 대해 묻는다면, 사원은 부담 없이 사실을 말한다. 잘못을 인정하는 방법에 따라서 사원이 느끼는 감정은 달라진다. 강압적이고 명령적이며 통제적인 수단보다는 대화적이고 감성을 자극시키는 분위기적 관리 방법이 상대의 자존감을 세워 주면서 효과적인 관리를 하게 만든다.

자존감을 긍정적으로 자극시키는 대인관계가 필요하다. 대인관계에서 상대의 자존감은 중요하다. 상대가 자신을 인정해 주면서 교류를 한다면 자신감을 가지게 되지만, 상대가 자신을 무시하거나 경멸한다고 생각하면 교류는 형식적이거나 부정적인 방향으로 흐르게 된다.

"어차피 저 사람은 나를 인정하지 않으니까."

상대가 자신을 인정하지 않는다면, 진지한 대화나 결과도 없다.

자존감을 세워 주는 리더십

미국 역대 대통령 대부분이 백악관 정원사나 요리사의 이름을 불러 주었다는 사례가 있다. 대통령이 정원사 요리사의 이름을 기억하고 불러 줄 때, 정원사나 요리사는 충성을 맹세하게 된다.

대통령은 모두의 존경대상이고, 그가 내린 지시나 명령에 복종하는 것은 당연하다. 자신이 지시한 내용을 실천하는 과정이나 결과에 관심을 표시하는 방법이 효과적인 리더십이다.

여성은 남성보다 상대의 자존감을 효과적으로 자극시킨다. 이름을 불러 주고 작은 행동에 감동적인 칭찬을 하는 여성의 리더십은 대인관계 조직 관리에 효과적이다.

　물건을 사면서 종업원을 칭찬하면 값도 싸게 살 수 있고 보너스를 받는 기회도 늘어난다. 내 돈 주고 내가 사지만, 종업원을 칭찬할 때 좀 더 좋은 물건을 보여 주고 보너스 물품도 챙겨 주는 것은 인지상정이다. 자존감을 세워 주는 것은 인지상정의 거래를 이용하는 대인관계 리더십이다. 여성이 남성보다 유리한 매력은 자존감을 세워 주는 방법을 자연스럽게 실천하고 상대를 지속적으로 자극시키는 능력이 있기 때문이다.

4

옷은 당신의 인격이다

경제가 허용하는 한, 몸에 걸치는 것에는 돈을 아끼지 말아라.
그렇다고 지나치게 차려 입어서는 안 된다.
대개 입은 것으로 미루어 그 인품을 알 수 있으니까. —셰익스피어

우리는 왜 옷을 입는가?

옷은 내가 편하면 된다.

상대를 생각하지 않는 이기주의적 생각이다.

옷은 상대에 대한 예의이다.

사회와 조직은 다수에 의한 다양한 사람들의 만남이고, 옷은 이러한 만남에 대한 상대적 예의이며 배려이다.

인류는 다양한 소재로 옷을 만들어 입었다. 계절에 따라 옷은 다양한 소재와 디자인으로 변했다. 옷은 단순한 몸을 가리

거나 추위를 피하기 위한 방법으로, 옷의 소재와 디자인이 부를 나타내는 수단이 되었다.

또한 다양한 옷을 통해 자신의 내면적 생각이나 취미 등을 표현하여 상대에게 전달하는 수단이 되기도 한다. 편리성만을 추구하는 옷이 기능성으로 바뀌면서 옷은 부의 가치로 창출되고 있다.

의복은 관계를 이끄는 예의이다

황희는 조선 시대에 세 번이나 정승을 지낸 사람으로, 청백리로 유명하다. 그는 평소 검소하게 누더기와 같은 옷을 입고 지냈다. 궁궐에 입궁할 때는 관복으로 갈아입었지만, 평소에는 항상 같은 옷을 입고 지냈다.

어느 날 모 대감이 생일잔치에 초대를 했지만 그는 사석의 만남을 피하는 성품이었다. 좋은 날씨에 대청에 누워 하늘을 바라보다 대감이 초청했던 것이 생각나서 평소에 입던 대로 옷을 입고 대감 집으로 향했다.

대감의 집 앞은 많은 사람들로 붐비고 있었다. 대문 앞에는 하인들이 나와 손님을 맞이하고 있었는데, 황희 정승이 대문에 가까이 가도 하인들은 쳐다보지도 않았다. 황희 정승은 홀로 마당으로 들어갔다. 그래도 누구 하나 눈길을 주지 않았다.

"거 잔치 날이니 상을 차려 주게."

하인에게 말을 하지만 들은 척도 하지 않았다. 은근히 황희 정승이 화가 났다. 주변이 소란해지자 대감이 소리쳤다.

"좋은 날에 무슨 일이냐?"

"지나가던 거지가 상을 차려 달라고 난리를 칩니다."

"오늘 같은 날, 거지도 손님이니 먹던 거라도 줘라."

황희 정승이 상을 받아 먹으려고 하니 먹다 남은 음식들이었다. 자리에서 일어나 집으로 돌아온 그는 생각할수록 화가 나서 다시 의복으로 갈아입고 대감 집으로 향했다.

잔칫집 멀리서 다가오는 황희 정승의 모습을 본 하인들이 달려와 엎드려 안내를 했다. 황희 정승이 왔다는 소식에 대감은 버선 바람으로 집 밖까지 달려와서 정승을 맞이했다.

대청 가운데 정승을 위한 잔칫상이 새로 차려졌고, 음식에서는 모락모락 김이 올라오고 있었다. 황희 정승이 가운데 놓인 닭을 잡아들고 의복에 문질렀다. 이 광경을 본 대감들과 양반들이 혼비백산하며 황이 정승에게 무릎을 굽히고 아뢰었다.

"대감님, 제가 잘못이 있다면 용서해 주십시오."

"아니, 대감이 무슨 잘못을?"

"지금 옷에 닭을 문지르고 계시지 않습니까?"

정승은 큰소리로 웃었다.

"당연하지요. 조금 전 내가 왔을 때는 저 구석에 먹던 음식을 내주었지요? 이제 다시 오니 좋은 음식을 주셨으니, 이는 나에게 준 것이 아니라 내 의복에 준 것이 아니오?"

대감은 그때서야 조금 전 요란스럽던 일이 떠올랐다. 대감은 대청 아래 땅에 엎드려 잘못을 용서해 달라고 빌었다.

우리가 살아가는 사회는 겉치레가 중요한 역할을 하는 경우가 많다. 대인관계에서 외형적인 겉치레는 중요하다. 바쁜 시간에 쫓기어 상대를 깊이 이해할 수 있는 여유가 부족하다. 한두 번의 만남으로 거래가 진행되는 경우도 많다. 짧은 만남에서 상대에게 의견을 제시하고 거래를 성사시키기 위해서는 형식이 필요하다.

시대는 변해도 사람 관계는 변함이 없다. 대인관계는 서로를 위한 노력이 필요하다. 잠자다 나온 사람이 얼마나 자신의 일에 충실할 수 있겠는가? 누구로부터 평가받기 위해 좋은 이미지를 만드는 것이 아니라, 자신의 일에 충실하기 위해 좋은 이미지가 필요하다. 나 자신이 나를 관리하지 못한다면 황희 정승과 같이 청백리 정승의 이름보다 상대는 의복에 관심을 가지고 있다는 것을 알아야 한다. 의복은 자신보다 상대적 관계를 이끌어가는 예의이다.

"먹는 것은 내가 먹고 싶은 것을 먹고 입는 것은 남을 위해 입어라."

−벤자민 플랭클린

아침에 일어나서 하루 일과를 시작하기 위하여 자신의 외모를 점검하며 거울을 본다. 거울을 보고 스스로 만족스럽다고 느끼는 모습을 남들도 그렇게 만족스럽게 볼까?

당신은 만나는 상대를 위해 당신의 모습을 점검해 본 적이 있는가? 아침에 거울을 보고 자신의 모습을 점검하는 습관이 있는가? 자신의 의상이 하루일과에 적합한 복장인가? 화장이나 액세서리가 어울리는가? 남을 위한 준비를 체크하는가?

제대로 대접받고 싶으면 제대로 입어라

우리는 대부분 사람을 볼 때 외모를 보고 그 사람을 평가하게 된다. 보이지 않는 내면적인 부분도 매우 중요하지만, 사람을 처음 만날 때는 일단 그 사람의 외모를 보고 판단하게 된다. 사람을 만날 때 첫인상은 짧은 시간 안에 결정된다.

미국의 심리학자 알버트 메라비언 교수는 〈침묵의 메시지〉라는 자신의 연구서에서 첫인상을 결정하는 요인을 세 가지 이미지로 구분했다. 첫째 시각, 둘째 청각, 셋째 언어로 나누었을 때, 눈으로 보이는 용모, 복장 · 표정 · 태도, 제스처가 55%, 목소리가 38%, 말의 내용이 7%라고 했다. 이 결과에 따르면 첫인상은 대부분 시각적인 부분에서 결정된다. 그래서 많은 전문가들은 자신의 이미지 관리를 위해 외모관리에 신경을 쓰라고 조언하는 것이다.

패션은 '옷으로 소개하는 자기소개서'라고 한다. 옷을 잘 입은 사람을 보면 '그 사람의 직업이 무엇일까?' 궁금해지며 그 사람의 내면이 알고 싶어진다. 하지만 옷을 잘 입지 못하는 사람을 보면, 그 사람에 대해 궁금해 하는 것보다는 '왜 저렇게 자기관리를 하지 못할까?'를 생각하며, 잘 차려입지 못한 옷과 그 사람의 얼굴을 자꾸 비교하게 된다.

사람들은 이렇게 대부분 누군가를 처음 본 순간, 자신도 모르는 사이에 옷 입는 스타일을 보고 그 사람을 평가하게 된다. 옷을 잘 입는 사람은 일도 잘하고 자기관리를 잘하는 사람으로 평가를 받으며, 옷을 잘 입지 못하는 사람은 게으르고 자기관리뿐만 아니라 일도 잘 못한다는 것으로 오해를 받을 수도 있다.

일부는 "일만 잘하면 되지 외모가 무슨 상관이냐?"며 외모 관리보다 일하는 능력을 중시하는 사람도 있다. 물론 일을 잘하는 것도 중요하지만, 사람을 전혀 만나지 않고 혼자 일하는 것이 아닌 이상 사람을 만날 때 상대가 나를 어떻게 볼 것인가를 늘 생각하여야 한다. 평소에 옷차림에 신경을 쓰지 않은 사람은 자신이 만나는 상대를 위해서라도 노력을 하여야 한다.

장례식장에 화려한 옷을 입고 나타나는 사람이 있을까? 아마 모든 사람들이 손가락질을 할 것이다.

맞선 보러 나온 남자가 허름한 옷을 입고 정돈되지 않은 헤어스타일을 하고 다 떨어진 구두를 신고 나타났다면 상대방은 어떤 느낌이 들까? 아무리 잘생기고 유능한 사람일지라도 허름한 옷을 입고 나타난다면 그 사람은 비호감으로 보이며 능력 없어 보인다.

이렇듯 사람들의 복장은 상당히 중요하다. 사람을 판단할 때 옷을 보고 평가하는 것은 바람직하지 않지만, 실제로 우리는 옷차림을 무시할 수 없다. 옷을 잘 차려입고 나오면 얼굴이 못

생기고 능력 없는 사람이라도 상대에게 호감과 매력있는 사람으로 느껴지게 된다. 옷을 잘 차려입는다는 것은 시간 · 장소 · 상황에 맞는 옷차림을 하라는 의미이기도 하다.

스티브잡스의 청바지는 오너의 자유분방과 창작성을 상징하는 복장으로 인식되었다. 젊은 세대에 적합한 신속성을 암시하는 복장이다. 빌게이츠는 T.P.O(Time, Place, Occasion, 즉 시간, 장소, 경우에 따라 옷을 착용해야 함을 강조하기 위해 나온 말)에 맞게 옷 입는 스타일이 달랐다고 한다. 빌게이츠는 대학생들을 만날 때는 캐주얼 복장을 하고, 서민들을 만나면 그분들에게 맞게 옷을 입고, CEO와 정치인들을 만날 때는 정장차림을 했다고 한다.

이처럼 언제 어느 상황에 누구를 만나느냐에 따라 옷차림은 달라야 한다. 파티를 가게 되면 드레스코드에 맞게, 중요한 모임에 갈 땐 정장착용을 하고 가는 것이 복장의 매너이다.

취업 시즌이 다가오면, 대학교에서는 면접에 필요한 정보를 얻기 위해 취업전쟁이 난다. 면접관의 호감을 얻기 위해 어떤 옷을 입어야 하는지? 어떤 넥타이 컬러를 해서 좋은 인상을 심어 줄 수 있는지? 그래서 취업시즌에는 학생이나 일반인의 취업컨설팅 의뢰를 많이 받는다. 면접에서 복장은 좋은 이미지를 심어 주는 데 매우 중요한 역할을 하기 때문이다.

옷을 입는 것도 평소 습관에서 나온다고 할 수 있다. 옷차림은 상대에게 호감을 주며 매력을 줄 수 있는 하나의 도구가 되기 때문에 옷을 대충 입고 다녀서는 안 된다. 상대에게 좋은 인상을 주기 위해서는 깔끔한 복장은 기본이다.

의상은 그 사람의 지위와 스타일, 패션 감각, 직업 등의 정보를 제공하는 빼놓을 수 없는 요소가 될 수 있기 때문에 하는 일과 장소, 시대에 맞게 옷차림이 바뀌어야 한다.

예전에 강의를 하는 교수들의 모임에 초대받아 간 적이 있다. 거기에 "저는 이미지 컨설턴트입니다." 하고 인사하는 여성 교수님이 있었다. 그런데 그 모습을 보니, 머리는 부스스하고 의상은 촌스럽고 얼굴은 화장도 하지 않은 모습이었다.

나는 그 모습을 보고 깜짝 놀랐다. 사람들을 처음 만나러 오면서 차림새를 이런 모습으로 하고 오는 것이 마음에 걸리지도 않았다는 말인가? 나로서는 이런 모습을 가진 분이 과연 이미지 컨설턴트로서 자질이 있는지 의심스러웠다.

물론 사람은 겉모습으로 보아서 알 수는 없다고 하지만, 그 순간 나는 겉으로 보이는 모습으로 사람을 판단할 수밖에 없었다. 이미지컨설턴트, 패션공부를 했다고 하는 사람의 모습에서 신뢰감이 느껴지지 않았다. 만나는 순간 직업에 맞게 "이 사람은 신뢰할 수 있을 것 같다."라는 느낌이 들 수 있도록 자기만의 스타일을 갖추는 것이 비즈니스의 기술이라 할 수 있다.

귀찮더라도 자신의 관리는 잘하도록 하자. 언제 어디서 누구를 만날지 모른다. 자신에게 어울리는 컬러와 얼굴, 헤어관리 등 자기관리를 잘해야 한다. 그렇게 하지 않으면 아무리 능력 있고 의욕이 넘치더라도 출발선에 서기도 전에 좋은 기회를 다른 사람들에게 다 빼앗겨 버릴 수 있기 때문이다.

신발도 얼굴이다

〈세일즈맨의 죽음〉이라는 소설에 등장하는 아서 밀러는 구두의 광을 번쩍번쩍 내고 사람들을 만나러 갔다고 한다. 세일즈맨보다 구두를 보고 '깨끗한 사람'이라는 인식을 주어 그 사람보다는 구두에 매력을 느끼게 했다는 것이다.

어떤 사람은 구두를 10년 넘게 신는 사람이 있다. 너무 편하고 정이 들어 다른 신발을 신는 것이 싫다는 것이다. 10년 정도 신을 정도이면 구두의 상태가 어떨까? AS를 너무 많이 해서 더이상 수선이 어려울 정도일 것이다.

신발도 자신의 얼굴이다. 너무 오래 신어 신발을 벗으면 발냄새가 난다든지 또는 너무 구겨 신어서 뒷부분이 손상이 심한 구두는 과감히 정리를 하자. 너무 편한 것만 찾다 보면 옷도 큰 옷을 입게 되고, 신발도 낡은 것을 신고 다니게 되면 그 사람이 아무리 능력이 좋다 해도 자기관리를 잘하지 못하게 보여 신뢰감이 떨어질 수 있을 것이다.

기본적인 습관을 바꿔보자. 나를 위해서가 아니라 만나는 그 사람의 기본적인 예의를 갖추기 위해서 나의 외모를 잘 점검하여 좋은 이미지를 심어 줘야 한다.

외모보다 스타일이다!

의사, 변호사, 예술가, 기업인 등 직업의 포지션에 따라 스타일링도 달라진다. 자신의 포지션에 맞는 이미지를 찾고, 그 이미지로 사람의 마음을 끌어 매력을 발산하는 것, 그것이 프로의 마인드이다.

옷차림은 경쟁력이 될 수 있으며, 외관만으로도 신뢰성을 주는 것이 진정한 프로라 할 수 있다. 진정한 멋은 유행을 따라하는 것이 아니고 비싼 명품으로 치장하는 것 또한 아니다. 스타일링의 원칙과 기본만 알아도 누구나 자신만의 멋을 찾을 수 있다. 자신만의 매력을 찾기 위해서는 우선 패션의 기본을 알아야 한다.

"자신의 스타일을 파악하고 표현하는 비즈니스 우먼이
매력적이다"

TIP. 쇼핑할 때 원칙

- 쇼핑하기 전 집에 있는 옷을 파악하고 나갈 것.
- 유행에 민감하지 않은 베이직한 스타일을 우선 구비할 것
- 미리 입어 보고 걸어 보고 앉아 보고 불편한지 확인해 볼 것
- 구두와 백은 정장부터 캐주얼까지 소화할 수 있는 스타일 선택

TIP. 하우트 스타일링

- 주얼리는 최대 3개 미만 주얼리를 코디할 때 심플한 디자인일 경우
  에는 반지와 귀걸이, 반지와 목걸이 등 두 가지 정도로, 주얼리는 한
  가지 포인트만 사용하는 것이 좋다. 진주는 캐주얼과 정장 모두 잘
  어울려 구비해 두면 유용하다.
- 옷과 슈즈의 앙상블 옷을 화려하게 입는다면 구두는 베이직한 컬러
  인 블랙, 베이지, 브라운으로 구입하는 것이 좋으며, 반대로 무채색
  의 옷을 입는다면 구두는 좀 더 튀는 색으로 구입하는 것이 좋다.

세련되고 간결한 실루엣은 비즈니스 우먼 룩의 정석
유행하는 트랜드보다 활동성 아이템을 우선 구비하는 게 좋다.

- 부드러운 신뢰 팬츠보다는 무채색의 H라인 치마 연출

- 프로페셔널하고 스마트한 인상 피트 되는 일자팬츠와 H라인스 커트, 각진 어깨라인의 세련된 재킷이 필요하다.
- 단정한 이미지 H라인 실루엣
- 여성스러움 A라인 실루엣 또는 드레스 + 가디건

PLUS TIP.

기본 아이템에 악센트가 되는 컬러의 스카프, 클러치, 과하지 않은 슈즈를 매치한다면 프로페셔널한 패셔니스트가 될 수 있다. 상대방에게 어떤 대접을 받고 싶고, 보이고 싶은지를 패션으로 표현하자. 잘 갖춰 입으면 상대방도 그에 맞춰 당신을 소중하게 대접한다. 비즈니스에서 상대방을 먼저 생각하면서 자신이 즐기는 패션보다는 기본을 지켜서 이미지가 손상되지 않도록 비즈니스 패션을 점검해 보자.

비즈니스정장을 입을 때 기본적으로 알아야할 남자패션의 정석을 알아보자.

슈트는 딱 맞게 입어야 한다.

남성 슈트에서 가장 중요한 건 어깨. 어깨를 딱 맞게 입느냐, 그렇지 않느냐에 따라서 나이가 서너 살은 차이가 나 보인다. 재킷 길이는 엉덩이 아랫부분이 3분의 1 정도 보이는 길이가 안정감 있고 키가 커 보인다.

슈트 기본은 짙은 감색 2버튼
슈트 + 긴팔 화이트 셔츠 + 검은 구두

슈트의 기본 색상은 짙은 감색이며, 흰색 셔츠와 검정색 구두는 단정한 느낌을 준다. 슈트는 멋으로 입는 옷이라는 사실을 기억해야 한다.

남자의 센스를 좌우하는 '바지 길이' 제대로 입자

남자의 팬츠는 시대에 따라 눈에 띄게 변한다. 바지 길이는 자연스럽게 떨어져 전체적인 흐름을 유지해 주는 것이 좋다. 그러기 위해서는 바지 길이가 구두 등을 살짝만 덮어 주면서 뒤꿈치를 적당히 가려 주는 것이 좋다. 대부분 뒤꿈치 기장에만 맞추다 보니 전체적인 바지라인이 엉망이 되어 버린다. 그래서 바지를 줄일 때는 사선으로 수선하는 것이 좋다. 뒤쪽을 조금 길게 하고 앞쪽은 그에 비해 조금 짧게 수선해서 구두 등에 바지가 자연스럽게 떨어지면서 뒤꿈치도 짧지 않게 덮어 준다. 최근 트랜드한 기장감은 복숭아뼈를 반쯤 덮는, 즉 9~10부 사이의 기장감을 말한다. 이러한 기장감은 아가일 체크와 같은 세련된 양말과 구두의 전체적인 실루엣을 보여 주면서 다리가 길어 보이게 한다. 줄이 잘 잡힌 정장바지 경우, 일직선으로 뻗은 라인 끝부분에서 직선이 깨지게 되면 다리가 짧아 보인다. 더 세련된 연출을 하고 싶다면 복숭아뼈 위에서 기장을 끊는 것도 좋다.

셔츠의 원칙

셔츠는 칼라가 이루는 각에 의해서 종류가 나눠지는데, '레귤러 칼라', '윈저 칼라', '와이드 칼라', '윙 칼라', '라운드 칼라', '핀 칼라', '버튼다운 칼라' 등이 있다. 가장 기본적인 칼라는 레귤러 칼라 셔츠, 당당한 이미지를 보이고 싶다면 와이드 칼라 셔츠를 착용하는 것이 좋다. 셔츠를 입을 때 주의해야 할 점은 격식을 갖춘 클래식 슈트를 입을 때는 셔츠 안에 속옷을 입지 않아야 하며, 여름에도 반팔 와이셔츠를 입지 않는 것이 원칙이다. 그리고 비즈니스맨의 셔츠는 주머니가 없는 것이 좋으며, 혹시 주머니가 있더라고 무엇인가를 넣지 않는 것이 좋다. 남성들은 속옷을 입은 후 셔츠를 입지만, 셔츠 자체가 사실 속옷과 같은 역할을 하기 때문에 이는 잘못된 착용법이다.

넥타이 색상은 목적에 맞게, 체형에 맞는,
피부톤에 맞는 컬러선택

넥타이는 의상이기 전에 하나의 메시지를 전달한다. 색상이나 무늬에 따라 다양한 의미가 담겨 있다. 중요한 비즈니스나 프레젠테이션을 하는 자리에서 넥타이가 가지는 호소력은 의외로 큰 영향을 미치므로 넥타이에 담긴 메시지와 상황에 맞는 넥타이를 선별하는 것이 좋다.

● 체형에 대비한 넥타이 선택 방법 ●

키가 크고 뚱뚱한 체형

남색이나 검은색 등 어두운 계열의 넥타이가 좋다. 또한, 사선 줄무늬나
잔무늬가 있다면 깔끔해 보인다. 가로 줄무늬가 있는 타이나 문양이 큰 넥
타이는 몸을 더욱 거대하게 보이게 하므로 피하는 게 좋다.

키가 크고 마른 체형

화려한 색상으로 체형을 분산시키는 것이 좋다. 붉은 계열의 넥타이로 체
감을 높이는 것이 도움이 되며, 세로 줄무늬 패턴의 타이는 체형을 더욱
마르게 보일 수 있으므로 피하는 게 좋다.

키가 작고 뚱뚱한 체형

세로 줄무늬나 사선 무늬 넥타이로 연출하면 조금 더 키가 커 보이는 효
과가 있다. 작은 무늬가 연속적으로 있는 무늬의 타이는 시각적으로 퍼지
는 효과가 있어 더욱 작고 뚱뚱하게 보이게 한다.

키가 작고 마른 체형

폭이 좁고 긴 넥타이는 키가 커 보이게 하는 효과가 있다. 잔잔한 무늬로
작은 키와 마른체형을 커버하는 것도 좋은 방법 중의 하나이다. 다만, 너
무 큰 무늬의 타이는 무거운 느낌이 나므로 피하는 것이 좋다.

● 피부톤에 맞는 넥타이 코디 ●

☺ 하얀 얼굴

화이트셔츠에는 짙은 레드, 핑크, 블루계열의 넥타이, 밝은 회색에는 핑크, 보라색 넥타이 등 어느 컬러의 넥타이를 해도 대부분 잘 어울린다.

☺ 노란색 얼굴

노란빛이 도는 얼굴에는 브라운 계열이나 붉은 계열의 넥타이가 가장 잘 어울린다. 블루계열이나 보라색의 넥타이는 얼굴의 노란빛을 더욱 두드러지게 할 수 있으니 최대한 피하는 게 좋다.

☺ 검은색 얼굴

얼굴이 검은 얼굴은 검은 피부를 강조하는 밝은 색 셔츠는 피하고 베이지 또는 연한 회색 같은 중간색 셔츠와 짙은 색 넥타이가 좋다. 다만 네이비 계열이나 브라운 계열은 더욱 어둡고 답답해 보이는 인상을 주므로 피하는 것이 좋다. 블랙이나 짙은 회색의 슈트, 그리고 흰색 셔츠를 입게 되면 은색타이로 현대적인 느낌을 연출할 수 있고, 검은 피부 톤에도 무난하다. 밝은 회색 셔츠를 입으면 연한 보랏빛 타이를 연출하는 것이 좋다. 그리고 넥타이 길이는 버클이 닿을 정도가 가장 좋다.

넥타이 폭은 7cm ~ 9cm

9cm 넥타이 폭이 전통적이고 클래식 하긴 하나 다소 올드한 느낌을 줄 수 있다. 비즈니스 수트나 면접에는 7cm ~ 8.5cm 정도의 넥타이를 착용할 것을 권유한다. 넥타이 폭이 좁으면 트랜디하고 캐쥬얼한 느낌은 있으나 너무 가벼운 인상을 줄 수 있다.

양복 주머니는 가볍게!

슈트를 멋지게 입으려면 주머니에 아무것도 넣지 않기를 권한다. 주머니에 핸드폰이나 담배, 지갑 등 여러 가지를 넣게 되면 어깨선이 내려가고 전체적이 라인이 망가지게 된다. 슈트는 그대로 몸에 흘러내리듯이 원단의 느낌 그대로 입어야 멋스럽다.

재킷 맨 아래 버튼은 잠그지 마라!

슈트를 입을 때 중요한 것은 맨 아래 버튼은 잠그는 것이 아니라 열어두는 것이 원칙이다. 맨 아래 버튼은 열어야 전체적인 의상의 흐름도 좋아지며 예의에도 맞다.

셔츠의 1cm를 찾아라!

셔츠의 칼라와 소매의 1cm가 정장의 모든 틀을 좌우하기도 하며 패션 감각을 좌우하기도 한다. 목 뒷부분 셔츠 칼라가 재킷 위로 1cm 정도는 나와야 하며, 소매 역시 1cm 는 보여야 한다. 1cm가 전체적인 균형

미와 시선의 안정점을 찾아 주며, 이는 공식적인 자리에서 강조되는 격식이기도 하다. 그래서 셔츠의 1cm를 찾기 위해서는 재킷의 소매를 수선할 때 손목의 복숭아뼈에 맞춰서 수선하는 것을 잊지 말자.

벨트 색상과 구두 색상은 동일하게

만일 벨트 색상을 갈색으로 한다면, 구두 색상도 갈색으로, 벨트 색상을 검정색으로 했다면 구두 색상 역시 검정색으로 동일하게 하는 것이 좋다.

악세서리 연출은 멋스러움을 더해 준다

커프스링크는 멋쟁이 남성의 자신감과 여유를 보여 주는 품목이다. 익숙하지 않다면 은은한 골드색이나 은색이 무난하다. 또한 넥타이핀은 크고 화려한 디자인보다는 작고 단순한 핀이 좋으며, 셔츠의 네 번째 단추에서 위아래로 2.5cm 사이에 다는 것이 좋다.

재킷 가슴주머니에 꽂는 포켓 스퀘어는 재킷, 타이의 소재와 컬러에 따라 다양하게 선택하며, 타이가 아닌 슈트에 맞춰 포켓 스퀘어를 선택하고 싶다면 슈트보다 좀 더 연한 컬러의 포켓 스퀘어를 고르는 것이 좋다. 노타이 차림일 경우 포켓 스퀘어를 하면 한결 세련되어 보이고 좀 더 격식을 갖춘 느낌을 줄 수 있으며, 포켓 스퀘어는 주머니에서 4cm 이상 올라오지 않게 하는 게 기본이다.

눈 맞춤으로 상대의 마음을 이끌어라

사람의 눈은 혀만큼이나 많은 말을 한다. 게다가 눈으로 하는 말은, 사전 없이도 전 세계 누구나 이해할 수 있다. −랄프 왈도 에머슨

윙크

흔히 눈 맞춤을 '윙크'라고 한다. 상대에게 좋다는 호감을 표현하는 동작이다. 매력적인 눈매는 상대 마음을 잡아당긴다. 아무런 말을 하지 않아도 오로지 눈만 봐도 상대방의 마음을 파

악할 수 있다.

면접관이 가장 집중하는 것이 눈이다. 경찰이 범인을 심문하는 과정에서도 가장 중점적으로 보는 것이 눈이다. 눈빛이나 눈의 움직임에서 거짓이 나타나기 때문이다. 면접관은 지원자가 제출한 내용이 맞는지를 질문한다. 대답을 잘하는 사람이 눈빛이 흐리거나 지나치게 움직이면 거짓으로 판단한다.

교사는 학생들의 눈빛을 보면서 강의를 해야 학생들의 집중력이 높다. 강의하는 사람이 창문을 보거나 천장을 보면서 말하면, 강의 내용에 신뢰감이 떨어질 뿐만 아니라 교육생은 다른 짓을 하게 된다. 교육효과를 높이는 집중력도 눈에서 시작된다.

강사는 기업 강의에 들어가면 먼저 교육생 눈빛을 본다. 눈빛이 초롱초롱하면 강의도 잘된다. 점심 먹고 난 이후에 진행되는 강의가 힘든 이유는 배가 부른 교육생들의 눈이 아래로 쳐져 있기 때문이다. 졸음으로 눈을 비비는 교육생들을 보면, 교육시간대가 얼마나 중요한가를 새삼 느낀다.

눈빛은 상대에 대한 관심을 나타낸다. 관심의 표시가 가장 뚜렷하게 나타나는 신체 부위가 눈이다. 요즈음 홍채에 대한 이야기가 많다. 홍채를 이용한 검색 프로그램도 다양하게 개발되고 있다. 홍채는 지문처럼 하나의 형태와 색상을 가지고 있어 개인별 특성으로 나타난다. 홍채에 상대에 대한 감정이 나타나기 때문에 눈을 보면 상대의 마음도 알 수 있다.

매혹적인 눈을 만들어라

매혹은 상대를 유혹하는 것이다. 유혹은 상대의 마음을 빼앗는 것이다.

상대 마음을 빼앗는 방법은 여러 가지가 있다.

"첫눈에 반했어."

"첫눈에 이끌렸어."

"첫눈에 매료됐어."

아름다운 눈과 매력적인 눈 사이에는 차이가 있다. 아름답다는 것은 형태와 색상의 미적 표현이고, 매력이란 것은 상대를 자극시키는 힘을 말한다. '반하다', '이끌렸다'는 것은 아름다움에 대한 미의 표현이고, '매료됐다', '이끌렸다'는 강력한 힘에 의하여 압도되었다는 표현이다.

눈이 지니고 있는 미적 감각과 에너지 감각은 분리되기도 하고 하나로 상대를 이끌어 내기도 한다. 아름다운 눈은 힘이 있는 눈이다. 눈동자가 뚜렷하고 광채가 난다. 상대나 사물에 초점이 집중되어 강력한 빛을 발광하기 때문에 상대는 압도당하게 된다.

매혹적인 눈은 훈련에 의하여 만들 수 있다. 눈을 '마음의 창'이라고 표현하는 것은 마음은 볼 수 없지만 마음을 나타내는 것이 눈이라는 의미이다. 눈은 내면에 있는 모든 것을 보여 주는 방법이기도 하다.

얼굴 중심에 위치한 눈은 정신력과 건강상태를 상징하기 때문에 매력을 판단하는 기준이 된다. 양 눈의 균형이 맞지 않으면 건강에 이상이 있다고 진단한다. 즉, 개인의 결정적 이미지가 눈에서 판정된다.

매력있는 남성이나 여성의 포인트가 눈에 있다. '이국적이다'라는 표현은 눈과 코를 보고 말한다. 서양인의 큰 눈과 오뚝한 코는 동양인과 다른 모습으로 구분된다. 동양인과 서양인의 구분에서 눈이 가장 큰 기준점이 되고 있는 것이다.

서양인은 동양인의 작은 얼굴에 작은 눈을 매력이 있다고 판단하기도 한다. 이것은 다른 특징을 매력으로 판단하기 때문이다. 서양인의 깊이 파인 눈이 동양에서는 매력적이지만, 서양인은 동양인의 눈을 매력적으로 본다. 매력이란 이처럼 상반적인 관계를 가지고 있음이다.

눈이 작으면 마음이나 성격도 소극적이거나 폐쇄적으로 보이기 때문에 자신의 성격이나 능력을 긍정적이고 적극적인 것으로 보이기 위해 동양인이 가장 많이 하는 것이 쌍꺼풀 수술이다. 이처럼 이미지 변신을 위한 성형이 유행한다. 가장 많은 성형이 눈이다. 눈만 고쳐도 다른 이미지로 변신한다.

이 같은 매력적인 눈을 만드는 노력은 인류의 역사와 함께 이어져 왔다. 눈에 색을 칠하고 때로는 장식을 하는 행위는 바로 눈을 통해 자신의 이미지를 보여 주기 위함이다.

눈은 마음의 창이다

우리는 눈으로 모든 것을 보고 말한다. 모든 것을 눈으로 본다고 한다. 실제로 주변에 존재하는 것을 눈으로 보는 것은 5%밖에 되지 않는다. 95%는 보지 못하면서 모든 것을 본다고 생각한다. 공간 속에 존재하는 무수한 물질에서 눈에 보이는 것은 5%의 사물이다.

그렇다면 95%를 보는 방법은 무엇일까?

마음의 눈으로 볼 수 있다. 마음의 창을 눈이라고 하는 이유가 눈으로 보지 못하는 95%를 보는 방법이 바로 마음에 있기 때문이다. 보이는 것보다 보이지 않는 것이 더 많은 공간에서 인간은 모든 것을 보고 말하듯이 생각하고 행동하고 있다.

자신의 마음을 다스릴 수 있는 사람이 성공하는 이유가 95%의 일부를 보기 때문이다. 남과 다르다는 것은 95%의 일부를 각기 다르게 본다는 것이다. 같은 사물도 보는 위치에 따라서 다르다. 장님이 코끼리를 만지고 말하는 것과 같다. 다리를 만진 사람은 코끼리를 기둥이라 말하고 배를 만진 사람은 천장이라고 말한다. 이것은 서로 만진 부분이 다르기 때문이다.

영국의 백작 부인 고(故)다이아나비는 지주이자 백작인 남편이 소작인들에게 과대한 세금을 부여하자, 용기 있게 세금을 낮춰 줄 것을 요구했다. 남편은 부인에게 알몸으로 말을 타고 거리를 한 바퀴 돌면 세금을 경감해 주겠다고 했다. 이 소식을 듣자 감동한 소작인들은 모두 창문을 닫기로 약속했다. 그 중 한명이 약속을 깨고 창문으로 훔쳐보다가 돌매를 맞아 죽었다. 이처럼 눈은 마음의 약속이다.

보이지 않는 마음을 행동으로 나타내는 것이 눈이다. 눈빛은 자신의 마음을 전달하는 방법이다. 맑고 아름다운 매력적인 눈은 마음의 순수함에서 만들어진다.

매력적인 이미지를 위해서는 보이는 것보다 보이지 않는 마음의 창을 만드는 것이 중요하다. 매력의 판단기준이 보이는 것보다 보이지 않는 매너와 배려 등에 있음이다. 맑은 눈동자는 맑은 마음에서 만들어진다. 매너와 배려 등이 바로 맑은 마음이다.

"자, 나를 보세요."

최면술사는 상대와 눈을 마주치는 것을 유도한다. 일단 눈이 마주치면 눈을 감게 한다. 마주친 눈이 기억되도록 유도하기 때문이다. 때로는 흔들리는 추로 상대의 마음을 집중시키는 방법을 사용하기도 한다.

"이 추에 집중하세요."

최면술사가 요구하는 것은 눈을 통한 집중력이다. 마음이 통일되어야 집중하기 때문이다. 눈에 힘이 있으면 집중이 잘되고, 눈이 풀리면 집중을 잘하지 못한다.

최면술은 눈이 핵심이다. 최면에 잘 걸리는 사람은 상대의 눈을 보고 있기 때문이다. 최면을 피하는 사람은 최면술사의 눈빛을 피한다. 상대가 자신의 마음을 읽지 못하게 방지하는 것이다.

교육생의 눈빛을 보고 교육에 대한 열의를 파악할 수 있듯이 평소의 눈빛을 보면 자녀의 마음을 짐작할 수 있다. 어머니는 눈으로 말하고, 아버지는 소리로 말한다고 한다. 여자는 눈빛으로 전달하지만 남자는 큰소리로 전달하기 때문이다. 소리 없는 눈빛이 상대와 공감대를 만들기 때문에 가능하다. 어머니는 눈빛으로도 자녀와 생각을 전달할 수가 있다.

눈도장 받아!

상대에게 인정받는 것을 '눈도장'이라고 한다. 눈이 마주쳐야 소통이 되었다고 판단하기 때문이다. 눈이 마주친다는 것은 교류를 의미한다. 서로의 생각을 주고받았다는 표상이다.

"눈 마주쳤어, 어쩌지?"

선생님과 눈이 마주치면 칭찬을 받거나 야단을 받는다. 자신 있는 아이는 선생님과 눈이 마주치는 것을 좋아하지만, 자신 없고 말썽을 피우는 아이는 선생님의 눈을 피해 다닌다. 선생님 눈에 보이지 않는 곳을 찾아 피해 다니는 학생은 눈에 띄지 않으면 야단맞을 기회가 줄어든다고 생각하기 때문에 우선 피해 보자는 단순한 생각을 한다.

눈빛으로 말해.

그녀는 초조한 눈빛을 감추지 못하였다. 아이들은 일제히 호기심이 가득한 눈빛으로 나를 바라보았다.

어미 사슴의 구슬픈 눈빛을 보고는 차마 활을 쏠 수가 없었다.

눈빛의 사전적 의미는 마음의 작용으로 나타나는 기색이라고 설명하고 있으며 다음 사례와 같이 비교하고 있다. 눈빛은 동물이 서로 교감하는 수단이다. 사람과 사람관계 뿐만 아니라 사람과 동물관계에서도 눈빛으로 교류한다. 동물의 교감은 눈빛이다. 싸울 때 눈을 보고 싸우는 이유는 상대 눈을 보고 어떤 생각을 하는가의 마음을 파악하여 공격과 방어를 선택하기 때문이다. 상대의 정보를 파악하거나 교류할 때 눈빛으로 통한다.

초조한 눈빛

그녀의 마음을 눈빛에서 발견하였다는 표현이다. 눈은 마음 속의 진실성을 의미한다. 눈빛을 보면 안다는 의미는 상대의 마음이 눈에 나타나기 때문이다. 흔히 사랑을 눈으로 말한다고 한다.

호기심 가득한 눈빛

반짝이는 아이의 눈빛을 보면 무엇을 말하고 싶어 하는지를 짐작하게 만든다. 말을 못하는 어린 아이는 눈빛으로 말을 한다. 올망졸망 아이들이 바라보는 눈동자를 보면 순수하고 호기심에 가득 차 있는 아이들의 마음을 이해할 수 있다.

구슬픈 눈빛

우수에 젖어 있는 여자의 눈빛을 보면 모든 남자들은 약해진다. 나약한 눈빛에서 상대는 공격의지를 상실하게 된다. 비롯 동물이지만 구슬픈 눈빛의 사슴과 눈이 마주치면 사냥을 할 수 없다고 한다. 눈물이 맺혀있는 눈동자는 말없는 용서와 이해를 구걸하고 있기 때문에 마음의 양심이 공격을 멈추게 만든다.

　눈빛은 상대적인 관계를 만든다. 조직에서 의견을 발표할 때도 같다.

　프레젠테이션은 조직생활에서 필수가 되었다. 발표할 때 발표자의 시선이 엉뚱한 곳을 보고 있다면 발표내용에 신뢰성이 떨어진다. 자료를 보거나 청중을 보면서 말할 때 발표내용의 신뢰성을 얻는다.

발표자는 준비된 내용을 말하지만 발표자의 눈이 내용을 전달하는 수단이 된다. 따라서 발표자의 눈빛은 자신감을 표출하는 신체역할이다.

첫눈에 반했어.

첫눈에 상대를 매료시키는 이미지는 원만한 대인관계를 만든다. 대인관계는 상관관계라고 한다. 남성은 여성을 상대하고 여성은 남성을 상대할 때 문제점이 최소화되고 예방할 수 있다. 첫눈에 서로를 이해하려는 마음이 작용하기 때문이다.

강한 눈빛과 우수에 찬 눈빛 중에 어느 것이 상대의 마음을 자극시키는가는 상황에 따라 다르다. 눈빛은 상황에 따라 다르게 작용한다.

눈빛이 살아 있어.

강렬한 눈빛에 매료되어 남녀가 사랑에 빠지거나 조직에서 상사에 충성을 맹세하거나 남자나 여자끼리의 신뢰와 의리를 이끌어 가는 힘이 매력적인 이미지이다.

눈빛은 대인관계를 이끌어 가는 힘이다. 강력하고 매력적인 이미지는 눈에서 나타난다. 강렬한 인상은 각진 얼굴을 나타내는 눈에 있다. 구릿빛 까만 피부에 흰 눈동자는 상대 마음을 마치 호수 속으로 빨아들이는 마력을 가지고 있다.

눈매가 날카롭다.

눈빛은 눈매로 표현하기도 한다. 가는 눈이 번쩍이면 날카로운 인상을 준다. 하늘을 날아가는 매의 눈은 가늘고 매섭다. 높은 하늘에서 땅위에 작은 쥐를 볼 수 있는 시력은 날카로운 매의 눈이다.

상대의 마음을 꿰뚫어 보는 사람을 매섭다고 한다. 상대가 말하지 않는 것을 알아내는 능력은 매서운 눈빛이다. 이처럼 눈매가 살아 있는 사람이 강렬한 이미지를 만든다.

보디랭귀지는 제2의 언어다

손톱, 코트, 소맷부리, 신고 있는 신발, 바지의 무릎,
못 박인 검지와 엄지, 얼굴표정, 셔츠의 커프스, 그리고 몸동작을 보면
그 사람의 정체를 파악할 수 있다. 현명한 사람이라면 어떤 경우든
그 정도의 증거만 가지고도 상대의 정체를 알아낼 수 있다. −셜록홈즈

몸은 제2의 언어이다. 몸으로 말한다는 것은 동작과 표정으로
메시지를 전달한다는 의미이다. 의사전달을 몸으로 한다는 것
은 흔히 개그맨들이 보여 주는 동작이다. 청중의 웃음을 만들
어 내는 동작은 말이 없어도 보는 사람들이 느낌으로 느낀다.

엉덩이로 이름 쓰기

어릴 때 기억이지만 한두 번씩은 모두가 경험했을 것이다. 누

가 이름을 잘 쓰나 엉덩이의 음직임을 보고 글씨를 알아보는 게임이지만, 일종의 보디랭귀지라고 할 수 있다.

할아버지의 너털웃음이나 새색시의 소리 없는 미소는 소리 없이 메시지를 전달한다. 할아버지의 너털웃음 속에는 모든 것이 녹고, 새색시의 미소는 모든 것을 용서하게 만든다.

활기찬 동작을 보면 보는 사람도 힘이 솟는다. 맥없이 지쳐 있는 사람, 모든 것을 포기한 듯이 어깨가 처진 사람을 보면 보는 사람도 힘이 빠진다. 말보다 몸짓은 상대에게 전달하는 효과가 크다.

그렇다면 보디랭귀지에는 어떤 것들이 있을까? 손짓, 발짓, 몸짓 등과 함께 표정을 포함한다. 우리는 이러한 행위를 의사 표현의 수단으로 사용하기도 하고, 다양한 메시지를 전달하는 연극 등으로 시대를 표현하기도 해왔다.

무언극의 이미지

소리 없는 연극은 세계에 널리 전래되어 온다. 팬터마임이 많은 사람들에게 공감을 주는 것은 동작 때문이다. 행동으로 표현하기에 언어적 문제가 없다. 문화가 다르고 사용하는 언어가 달라도 같은 느낌을 느끼고 감동받는다. 그 이유는 세계만국언어가 바로 동작이기 때문이다.

생각을 동작으로 표현하는 것은 쉽고도 어렵다. 간단한 느낌은 누구나 행동이나 표정으로 나타낼 수 있지만, 상대의 생각을 행동으로 표현하는 것은 어렵다. 이러한 동작을 인형을 통해서 표현하기도 한다. 인형극은 소리 없는 동작으로 메시지를 전달한다.

의상을 보며 무엇을 표현하려는 것인가를 짐작한다. 분장을 보면 의상과 더불어 구체적인 내용을 추리할 수 있다. 의상과 분장이 동작을 설명하는 수단이다. 이처럼 보디랭귀지에서도 의상은 절대적으로 중요하다.

비언어가 지니고 있는 특수성은 보여 주는 시각적 효과이다. 시장에서 풍물패가 입고 있는 의상은 해학적인 의미를 전달한다. 가면은 전달하는 표정이다. 각기 다른 가면의 모양과 색상이 직업이나 계층의 생활을 표현한다. 하회탈은 할아버지를, 각시탈은 할머니의 인생을 의미한다.

각국마다 다양한 탈문화가 있다. 탈의 모양과 색상이 각기 다른 계층의 생활을 표현하지만, 탈이 자신의 신분 노출을 방지해 주기 때문에 마음속에 있는 말과 행동을 자유롭게 표현할수 있다. 비언어의 행동, 표정, 탈 등은 언어적으로 표현하기어려운 것을 자연스럽게 표현하는 수단이다.

자신의 개성이나 특성을 표현하는 비언어적 수단을 동해 간접적으로 상대에게 자신을 소개하고 홍보하는 전략이 이미지관리에 중요하다.

언어와 비언어의 차이점

소리를 일반적으로 '커뮤니케이션 언어'라고 말하고, 몸짓 등은 '비언어'로 구분한다. 우리는 언어와 비언어로 의사를 전달하고 표현한다.

커뮤니케이션에서 가장 중요한 것은
상대방이 입으로 말하지 않는 것을 듣는 것이다. −피터드러커

신체언어를 해석하는 능력은 대인관계 문제해결에 매우 중요한 역할을 한다. 특히 사람을 처음 만날 때 발생되는 문제는대게 비언어적 신체언어를 정확히 읽을 수 있다면, 문제가 생기기 전에 해결책을 찾을 수 있다.

사람들과 대화를 하다 보면 그 사람이 이야기하는 말의 내용보다 그 사람의 신체언어(보디랭귀지)를 보고 판단하게 된다. 사

람을 만날 때 90퍼센트 이상이 신체언어, 즉 비언어적 수단에 의해 서로 간의 주고받는 메시지, 특히 감정적 메시지가 전달된다고 한다.

말보다 몸짓이 효과적인 표현방법이다. 동물적 표현은 동작이다. 변화, 환경, 조건에 따라 자신의 생각을 표현한다. 언어는 6,000개가 넘어 소통하기 어렵지만, 동작은 모든 동물이 본능적으로 소통한다.

눈치가 빠른 사람은 상대의 신체언어를 민감하게 포착하는 탁월한 능력을 가지고 있으며, 비언어적인 단서, 즉 표정이나 시선 또는 자세 등을 보고 상대방의 마음을 읽어 낸다.

그런 사람들은 공감 능력이 뛰어나다는 평가를 받고 타인중심적인 태도를 보여 어딜 가나 인기가 좋다. 다른 사람의 감정을 정확하게 파악하는 능력이 있으면 세일즈, 비즈니스, 기타 거의 모든 일에서의 성패가 좌우된다.

사람들은 신체언어를 정확하게 얼마나 파악할 수 있는가? 신체언어(비언어 커뮤니케이션)를 통해 내가 전하고자 하는 이야기를 효과적으로 얼마나 전달하고 있는가? 신체언어(비언어 커뮤니케이션) 능력을 키우려면 어떻게 해야 할까?

무의식적 신체 반응에 주목하라

신체는 제2의 언어이다. 신체는 느끼는 대로 반응한다. 표정이 굳어지거나 얼굴이 빨개지거나 다리를 떨거나 어깨를 흔들거리는 동작 등은 상대에 대한 반응이고, 환경이나 조건에 대응하는 본능적인 신체 반응현상이다. 판매왕의 성공 비결은 구매자의 행동을 유심히 관찰하는 데 있다.

민혁이는 자동차를 가장 많이 파는 판매왕이다. 자동차를 판매할 때 고객의 얼굴 표정, 손의 움직임, 배꼽의 방향, 안절부절 못하는 행동, 발동작, 머뭇거림, 심지어 눈동자의 움직임까지 세밀하게 관찰한다.

판매사원에게 한마디 물어보지 않더라도, 고객은 자신의 무의식적인 행동으로 의견을 상대에게 전달하고 있다. 여러 고객이 동시에 물건을 구매하러 올 때면, 많은 고객 중 누가 제품을 구매할 것인지를 파악하는 것이 가장 어려울 것이다.

사람들은 무엇인가 구매를 할 때 확실한 신호를 보인다. 관심이 없으면 고개가 약간 옆으로 돌아가 있거나 어깨를 으쓱거린다. 뭔가 불편하게 되면 목의 칼라를 풀기도 한다. 이 순간 화제를 다른 곳으로 돌려 고객의 흥미를 끌어야 한다. 고객이 관심이 있는 것에는 얼굴이 정면으로 나를 향하거나 약간 위로 향한다.

　고객이 설명을 듣는데 계속 팔짱을 끼고 있다면, 팔짱을 풀기 위해 무엇인가를 건네줘라. 신체가 반드시 열린 자세가 되어야 상대의 마음을 긍정적으로 검토할 수 있다.

　초보 세일즈맨은 교육을 통해 들은 것을 고객에게 열심히 지루하게 지속적으로 이야기한다. 말을 길게 하고 잘한다고 해서 상품을 판매할 수 있는 것이 아니다. 고객이 하는 행동을 보고 파악하는 것이 더 중요하다.

　고객 머리가 양옆으로 흔들면 관심도 없고 구매하지 않겠다는 신호다. 또한 그 사람의 배꼽방향이 설명하고 있는 제품을 향하고 있지 않으면 지루하다든지 아님 관심이 없다는 의미이다.

움직임으로 상대를 파악한다

심리상담가가 결혼한 여성에게 "결혼생활이 만족하느냐?"고 질문했다. 여인은 "결혼생활에 만족한다."고 하면서 손가락에 끼고 있던 반지를 만지작거리면서 뺐다 끼웠다 하는 행동을 한다면, 만족하지 않는다는 표현이다.

상대가 말을 하는 동안 상대방의 눈동자가 어디로 향하는지 살피고, 뭔가를 기억하게 만드는 시각적이고 사실적인 질문을 던져 대답하는 동안 그의 표정과 눈동자의 위치를 파악하라.

오른쪽 위를 보는가, 왼쪽 위를 보는가, 오른쪽 혹은 왼쪽 옆, 아니면 오른쪽 아래 또는 왼쪽 아래인가? 사실적인 것을 생각하면서 계속 왼쪽 위를 쳐다보면 진실을 이야기하는 것이고, 거짓을 지어낼 때는 시선이 오른쪽 위를 향한다.

하체의 움직임을 보면 그 사람의 감정 상태를 파악할 수 있다. 대화를 하는 동안 상대의 발이 어디를 향하고 있는가를 보아라. 대화에 흥미를 갖고 있다면 발의 방향은 당신을 향하고 있지만, 지루하거나 자리에서 빨리 일어나고 싶다면 상대의 발이 문 쪽을 향하고 있을 것이다.

손은 보디랭귀지의 목소리

마음을 열고 진실한 이야기를 하는 사람은 대부분 상대에게 손바닥 전체 또는 손의 일부를 내보인다. 무의식적 보디랭귀지이다. 손은 전달하고자 하는 메시지를 강조할 수 있다. 손의 의미를 파악할 때는 어떤 상황인지를 우선 알아야 한다.

몸은 우리가 느끼는 감정 그대로를 말해 준다. 말은 꾸밀 수 있지만 행동은 거짓말을 하지 않기 때문이다. 남편이 아내에게 거짓말을 할 때 주로 팔짱을 껴서 손바닥을 감추거나 주머니에 손을 넣는다. 아내는 손바닥을 감추는 모습을 보고 남편이 거짓말을 하는 것을 알아차린다. 여자가 무엇인가 숨기고 있을 때는 아무 상관없는 이야기를 하면서 여러 가지 부산하게 일을 하거나 말을 한다.

이처럼 거짓말을 할 때 신체언어(보디랭귀지), 특히 손에 그대로 드러난다. 신체언어에서 손은 성대와 같은 부분이어서 손을 감추는 것은 입을 다무는 것과 같은 의미이기도 하다.

몸짓과 감정은 서로 연결되어 있다. 사람은 자신을 방어해야겠다는 생각을 하면 팔짱을 끼게 된다. 하지만 반대로 팔짱을 끼고 있기만 해도 자신을 방어해야 한다는 느낌을 갖기도 한다.

손바닥은 상대에 생각을 전달하는 메시지방법이다. 손등은 소유의 주먹으로 '도전'을 의미하고, 손바닥은 내주는 동작으로 '복종'이나 '순종'을 의미한다. 마치 꼬리를 낮추는 동물의 행동과도 같다.

- 손바닥을 위로 향하는 자세
- 손바닥을 아래로 하는 제스처
- 주먹을 쥐고 검지만 밖으로 뻗은 자세

당신이 누군가에 물건을 옮기기 위해 부탁을 한다고 생각해 보자.

• 손바닥을 위로 향한 자세

누구에게 부탁을 하며 손바닥을 내밀면 상대는 위협이나 강
요의 의미로 받아들이지 않는다. 손바닥을 위로 향하는 자세는
순종적이고 비위협적인 몸짓의 의미를 나타내기 때문이다.

대화를 하면서 손바닥을 보이면 상대는 진실을 이야기해야
한다는 압박을 받게 되어 솔직한 심정을 털어놓게 된다. 앉아
서 대화할 때는 두 손의 위치가 매우 중요한데, 테이블 아래에
손을 두면 상대에게 뭔가 숨기는 듯한 느낌을 줄 수 있다. 두
손은 테이블 위나 상대의 눈에 보이는 곳에 두어야 믿을 수 있
는 사람이라는 느낌을 줄 수 있다.

• 손바닥을 아래로 향한 자세

손등은 물건을 잡고 있는 동작으로, 권위를 상징한다. 이 자
세로 누군가에게 부탁을 한다면 상대는 당신에게 명령을 받았
다고 생각하고 매우 불쾌감을 느낄 수 있다. 손바닥을 아래로
하는 자세보다는 손바닥을 위로 향한 자세가 부탁할 때는 허락
할 확률이 높다.

• 주먹을 쥐고 검지를 내미는 자세

검지가 몽둥이를 연상시켜 몽둥이로 상대를 복종시키겠다는
도전을 의미한다. 이 자세는 상대방을 짜증나고 불쾌하게 하는

제스처 중의 하나이기 때문에 각별히 주의해야 한다.

손가락질을 습관적으로 사용한다면, 손바닥을 위로 향하는 연습을 하라. 대화 분위기가 훨씬 부드럽고 편안해져서 상대를 긍정적인 분위기로 이끌 수 있을 것이다. 이만큼 손의 제스처가 주는 의미는 다양하기 때문에 제스처를 사용할 땐 조심하게 사용해야 하고, 제스처의 의미를 알고 사용해야 한다.

악수로 전달되는 이미지

일리노이 대학 'Beckman Institute'가 악수를 과학적으로 분석한 신경과학적 연구에 따르면, 사람들은 먼저 손을 내밀며 악수를 청하는 사람에게 더 좋은 인상을 받는다고 한다. 악수함으로써 대인과의 교감 지수를 높이고, 비즈니스 시 상대방에게 신뢰도를 높이기도 한다. 몇몇의 과학자들은 단순히 악수를 형식으로 생각해 과소평가해서는 안 된다고 입을 모은다.

역사적으로도 고대 로마인들에게 손은 신뢰의 상징이었고, 악수는 당신을 신뢰한다는 것을 의미했다고 한다. 또 중세시대엔 악수를 통해 상대방에게 나에게는 무기가 없으며, 당신을 해치지 않겠다는 뜻을 전하는 행동이었다. 악수의 유래를 되짚어 생각해 보면, 상대방에게 신뢰를 표현하는 약속의 다짐과 같은 행동이라고 볼 수 있다. 그렇게 악수는 오늘날 전 세계에서 가장 보편적으로 나누는 비즈니스 인사가 된 셈이다.

악수는 간결하고도 강력한 메시지를 상대방에게 줄 수 있는 유일한 신체적 접촉이자, 공유할 수 있는 두 사람의 친밀감을 주는 의미이고, 상대방을 제압하는 하나의 몸짓 언어이기도 하다.

악수만으로도 어떤 사람이 순종하는 스타일인지, 지배하는 스타일인지를 알 수 있다. 그렇다면 악수는 어떻게 하는 것이 좋을까?

악수매너의 정석

악수는 윗사람이 먼저 청해야 하고 같은 또래의 남녀 간의 경우 여자가 먼저 청하는 것이 기본매너이다. 악수를 할 때는 몸의 방향이 상대를 향하게 하고 상대와 시선을 공유하면서 손목이나 손가락만을 흔들지 말고 팔 전체를 흔들어주는 것이 좋으며, 손은 수평으로 내밀고, 다른 사람의 손바닥과 만나야 한다.

악수를 할 때에 눈높이는 상대방과 맞추고 이때 어깨는 상대방 쪽으로 너무 굽히지 않지만, 아랫사람은 허리를 약간 굽혀 경의를 표하는 것이 상대방에게 더욱 긍정적인 인상을 남겨 줄 수 있다. 표정은 당연히 가벼운 미소를 띤다면 금상첨화일 것이다.

비즈니스 악수는 3초 이내로 하며, 왼손을 쓰지 않아야 한다. 부득이한 사정이 있어 왼손으로 악수를 해야 할 경우에는 양해를 구한 뒤 왼손으로 한다. 두 손으로 악수를 하는 것은 실례지만, 웃어른은 깊은 정의 표시로 할 수 있다. 뼈가 으스러질 만큼 힘주며 악수하는 사람은 정서가 불안정하며 공격적 성향을 지닌 인상을 줄 수 있다. 또한 반지를 끼고 있는 사람과 악수는 짧게 하는 것이 좋다.

만약 추운 날 장갑을 꼈을 경우, 남자는 되도록 오른쪽 손이라도 벗고, 여자는 벗지 않고 해도 된다. 단, 기념식이나 예식용 흰 장갑을 꼈을 경우에는 예외!

악수법의 차이

영국, 호주, 뉴질랜드, 독일, 미국인들은 일반적으로 만날 때 그리고 헤어질 때 악수를 한다. 유럽 대륙의 대부분 국가에서는 같은 상대와도 하루에 몇 번씩 악수를 하고 프랑스인 중에는 하루에 30분 이상 악수를 하는 사람도 있다. 인도, 아시아, 아랍 국가들에서는 악수가 끝나도 손을 계속 잡고 있는 경우가 많다. 독일과 프랑스에서는 한 번이나 두 번 세게 손을 흔들고 잠시 손을 잡고 있는 반면, 영국에서는 세 번에서 다섯 번 흔들고, 미국에서는 다섯 번에서 일곱 번까지 악수하는 방법은 나라별로 다소 차이가 있다.

잘못된 악수 방법

지배형 악수 상대를 지배하겠다는 생각이 있는 사람은 악수를 할 때 손목을 돌려 손바닥이 아래를 향하게 한다. 이때 손바닥이 완전히 아래를 향하지는 않더라도 자신의 손이 상대의 손 위로 올라가는 위치를 차지하면, 이 만남에서 상대를 통제하고 지배하고자 하는 욕구가 드러나게 된다.

복종형 악수 동화 속 왕자님이 무릎을 굽힌 상태로 고개를 숙이며 손바닥을 위로 향하도록 하여 아름다운 여인에게 손을 내미는 장면은 많이 접했을 것이다. 손등이 바닥을 향하는 것은 상대방에 대해 순종한다는 몸짓언어 중 일부이다. 남성이 여자에게 그리고 신하가 임금에게 손바닥을 보여 줌으로써 위협적이지 않다는 표현인데, 손바닥을 위로 향해서 상대에게 손을 여러분의 손 위로 올릴 수 있는 기회를 제공하는 것이다. 예를 들어 사과를 할 때처럼 상대에게 통제력을 내

주거나 상대가 상황을 장악한다는 느낌을 갖도록 만들어야 할 때 효과적이긴 하나, 상황에 따라서는 비굴해 보이는 수가 있으니 주의하기 바란다.

힘없는 악수 힘없는 악수만큼 최악의 악수는 없을 것이다. 이는 스스로 "저는 자신감이 없고 힘이 없는 사람입니다."라고 외치고 있는 것과 마찬가지이며 "나는 너와 악수 따위는 하고 싶지도 않아."를 뜻하는 무언의 거절의 표시이기도 하다. 하지만 손을 중요시하게 생각하는 직업의 경우라면 힘없는 악수라도 이해될 수 있으며, 이런 직업을 가진 사람과 악수를 할 때는 오히려 상대편이 더 조심스럽게 악수를 해야 한다.

손끝만 살짝 잡는 악수 이런 악수는 상대와 가까워지고 싶은 마음이 없는 것으로 생각될 수 있다. 이런 경우는 상대와 가까워질 수 있는 기회를 놓치게 될 것이다.

양손악수 일명 '정치인의 악수' 라고 불리는데, 정치인들의 과장된 몸짓으로 친밀하게 다가가야 할 필요성을 느낄 때 사용되는 악수이다. 정치인에게 양손악수는 '부탁'과 '명령'의 의미가 담겨 있다. 이런 악수는 친밀감이 생긴 후 상대에게 애정과 존경의 표현을 위해 예외적으로 쓰이기는 하나, 두 손을 사용하는 악수는 일반적으로 지나치게 과해 보일 수 있으므로 되도록 이런 악수를 피하는 것이 좋다.

스킨십이 느껴지는 악수 악수를 하면서 상대의 팔이나 어깨 주변을 가볍게 잡는 경우, 상대는 스킨십을 느끼게 된다. 아주 친한 사이라면 아무런 문제가 되지 않겠지만, 그렇지 않은 경우라면 상대에게 불편함과 부담을 줄 수 있다. 처음만나는 사람에게 이러한 신체적 접촉을 하게 되면 상대는 몹시 기분 나빠할 수 있다.

땀이 흥건한 악수 'dead fish'라 불리는 죽은 생선 악수는 축축하고 힘없이 축 늘어져 있는 손을 마치 죽은 생선 같은 손이라고 표현되어 나온 악수이다. 땀으로 젖은 손은 자신의 긴장 상태를 보여 주기도 하며, 땀이 젖은 손으로 악수를 하게 되면 기분 좋아할 사람은 아무도 없을 것이다. 평소 손에 땀을 많이 흘리는 타입이라면 항상 손수건 등을 소지하여 악수 전에 손을 잘 닦아야 한다. 만약 악수하는 상대의 손이 땀에 젖어 있다면 자연스럽게 행동하여 상대가 당황하지 않도록 배려하는 모습을 보이는 것이 좋다.

차가운 손과의 악수 악수를 할 때 보면 항상 손이 차갑거나 또는 긴장감으로 인해 손이 차가운 경우가 있다. 이런 사람은 악수를 하기 전에 상대가 눈치 채지 않을 정도로 자연스럽게 손을 비벼 따뜻하게 만들어 악수를 한다. 만약 차가운 손의 경우에는 악수를 하기 전엔 상대가 차가운 손에 놀라지 않도록 먼저 양해를 구한 후 악수를 하는 것이 좋다.

테이블 위로 하는 악수 처음으로 만난 사람과 악수를 할 일이 있다면 테이블을 사이에 두거나 또는 어떤 장애물을 사이에 두고 하지 않도록 주의해야 한다. 악수를 해야 할 상황이 되면 상대에게 가까이 다가가 악수를 청하는 것이 좋다.

몸을 앞쪽으로 기울이며 하는 악수 악수를 청할 때는 적당한 거리를 두고 상체를 똑바로 세운 상태에서 악수를 하는 것이 좋다. 악수를 하기 위해 일부러 몸을 앞으로 기울일 필요는 없다.

앉아서 하는 악수 이러한 악수는 상대를 무시하는 의미의 악수로 상대에게 매우 불쾌감을 주어 좋지 않은 인상을 줄 수가 있다. 서로가 앉아서 나누는 인사의 경우는 크게 문제가 되지 않지만, 가능한 서서 하는 악수가 서로에게 좋은 인상을 남길 수 있다.

악수를 하다 보면 한 남성이 여성에게 가운데 손가락으로 손바닥을 슬며시 긁으면서 악수하는 경우가 있다. 이 행동은 동성연애자의 사인으로도 쓰였다고 한다. 당황스럽고 불쾌한 이러한 악수는 절대로 하지 말아야 할 것이다.

악수는 첫인상을 결정짓는 중요한 요소이며, 상대방과의 젠틀한 스킨십이기도 하다. 악수는 그냥 손을 잡는다는 의미를 넘어 상대와 교감을 주고받는 의미를 가진다. 악수를 자기가 하고 싶은 대로 아무렇게 하면, 상대에게 좋은 이미지를 줄 수가 없다.

악수로 자신의 매력과 배려를 한껏 부각시키며 자신의 브랜드 가치를 높이며 활용할 수 있는 첫 관문으로 삼아야 한다. 겉보기에 의례적으로 보이는 그 평범한 동작으로 인하여 당신의 가치를 상대방은 더욱더 인상 깊게 기억하게 할 것이다.

비즈니스 할 때 조심해야 할 제스처

무심코 하는 행동이 비즈니스에 결정적인 영향을 미치는 경우가 많다. 사람을 만날 때 피해야 하는 제스처 몇 가지를 예를 들어 보자.

- 뒷짐 지기: 권위를 나타내려는 잠재의식의 표현이며, 고객에게 이런 제스처는 큰 거부감을 준다.
- 팔짱 끼기: 상대로부터 자신을 방어하고자 하는 심리의 표현이므로 상담 중에 팔짱을 끼는 행위는 상대에게 호의가 없다는 부정적 암시라고 한다. 따라서 습관적으로 팔짱 끼는 것은 주의해야 한다.
- 두 손 비비기: 자신 없음과 마음 약함을 나타낼 때 사용되는 제스처로, 고객에게는 아첨하는 동작으로 보일 수 있다.
- 두리번거리는 시선: 눈은 마음의 창으로 그 사람의 마음상태를 나타내는 것이기 때문에, 눈의 움직임 하나하나에도 암시작용이 있음을 명심하자.

- 뭔가 숨기려는 마음이 있는 경우: 대화할때 상대를 보지 않는다.
- 상대의 의견에 찬성하지 않을 경우 : 대화를 나눌때 눈살을 찌푸린다.
- 이야기의 내용에 불만이나 의문을 품고 있는 경우 : 상대를 곁눈질로 쳐다본다.
- 심리적으로 안정되지 않고 떳떳하지 않을 경우 : 대화할 때 시선을 이리저리 불안정하게 돌린다.

권위를 갖춰라

권위는 권력을 능가한다. 이것은 증명서를 갖춘 권력이기 때문이다. 우리는 제복이나 여러 직함으로 권위를 표현한다. 친밀감과 유대감을 키우려 하면 신뢰가 필수이다.

미소를 짓되, 상품 판매가 아쉬운 판촉사원이 입에 보이는 가짜 웃음은 아니어야 한다. 상대와 눈을 맞추고 손바닥을 감추지 않는 제스처를 사용하여, 이야기에 더 신임을 쌓는 제스처를 취하면서 본인의 이야기를 해야 한다. 경청의 자세를 보일 때에는 고개를 끄덕이고 부정적인 이야기를 할 때엔 고개를 가로젓는 식으로 자신의 의사표현을 보여 주어야 좀 더 자신감 있는 행동으로 비춰질 수 있다.

놀라운 점은 시선 하나로도 상대방의 호의를 알 수 있다는 것이다. 『눈은 입만큼 말을 한다.』는 속담처럼 사람은 보는 시각에 흥미를 갖는 경우, 동공이 확대된다. 사인을 읽어 신뢰를 쌓는 보디랭귀지를 읽는 눈이 가장 중요하다.

- 이야기하면서 하던 손짓을 멈추는 행동
- 좌우 어딘가로 몸을 기울이는 행동
- 차를 마시거나 담배를 피우는 등 대화에 관계없는 동작

이런 보디랭귀지가 보일 때, 상대방은 자기가 하고 싶은 이야기를 마쳤다고 생각해도 좋다.

그런데 만일 상대방이 한참 이야기를 하던 도중 팔짱을 낀다면 주의할 필요가 있다. 그건 더 이상 당신의 이야기는 듣고 싶지 않다는 거절의 의미로, 감추고 싶은 속마음을 표출하게 된다.

마찬가지로 넥타이를 손으로 만지거나 윗도리의 단추를 다

시 잠그는 등의 태도를 보인다면, 이것 역시 당신의 이야기를 마무리 짓고 싶다는 무언의 표시이다. 좀 더 노골적으로 시계를 보며 마무리 짓는 사람도 있으니, 상대방의 사인을 놓치지 말고 능숙하게 타이밍을 계산할 줄 아는 센스 있는 사람이 되길 바란다.

매력적인 퍼스널브랜딩 2
"습관"

무의식적 행동이 상대를 자극한다
칭찬 습관을 기르자
매력적인 사람이 상대를 감동시킨다
인사는 관계의 시작이다

"습관보다 더 강력한 것은 없다."

-오비디우스

누구나 습관을 가지고 있다. 어릴 때 만들어진 습관은 평생 동안 변하지 않고 생활 속에서 자신도 모르게 나타난다. 상대는 습관적 행동이나 말 등을 보고 어떤 사람인지 평가한다. 좋은 습관을 가진 사람은 좋은 평가를 받지만, 나쁜 습관을 가지면 주변 사람들의 비난과 비평으로 자칫 고독해질 수 있다. 성공한 자에게는 좋은 습관이 있다.

무의식적 행동이 상대를 자극한다

"습관은 동아줄과도 같다. 한 올 한 올 날마다 엮다 보면
결국 끊지 못하게 된다. 따라서 우리는 훌륭하고 긍정적이며
생산적인 습관을 형성해야 한다." —호레이스 만

코를 쑤시거나 머리나 손, 다리를 흔들거나 떠는 습관, 팔짱을
끼는 습관 등 누구에게나 습관이 있다.

습관은 자신을 보호하기 위한 수단으로 반응하기도 하지만, 버릇처럼 반사적 행동이 상대에게 피해를 주기도 한다. 생각하고 행동을 하지만 때로는 생각하지도 않았는데 행동하는 경우도 있다. 이것은 평소에 몸에 배어 있는 행동이다. 이를 '방어적 행동', '학습적 행동'이라고 말하며 무의식에 의한 판단이나 행동이다.

이렇게 해야지

의식은 개념이 살아 정확한 판단력을 가지고 있는 상태이고, 무의식은 생각하고 판단할 수 있는 능력이 상실된 상태이다. 생각하지도 않은 말을 하거나 반사적인 행동을 하는 것이 무의식이다. 무의식적 습관은 자신도 모르게 반응하는 습관이며, 무의식은 생각하지 않아도 선천적인 반사적 행동으로 나타나는 현상으로 이미지를 결정하는 요인이 되기도 한다.

　형제간이나 쌍둥이 사이에도 같은 습관과 다른 습관이 있다. 습관은 선천적으로 반응하는 버릇이기도 하지만, 반복적 행동으로 학습될 수도 있다. 자신도 모르게 사용하는 반복되는 방어나 공격적 언어와 행동을 올바르게 표현해야 상대에게 좋은 인상을 주는 이미지가 된다.

언어적 습관

안녕하세요!

만날 때마다 인사하는 사람을 보면 어딘가 친근감이 든다. 웃으며 나누는 인사가 서로의 마음을 편하게 해 주는 것은 자연스런 습관에서 나온다.

만나도 인사말조차 하지 않으면 삭막한 분위기가 조성된다. 인사말로 분위기를 편하게 만드는 것은 사회나 조직생활에서 중요하다.

거시기

~했슈

카모

지역에 따라 다른 사투리는 언어적 습관이다. 태어난 것보다 중요한 것은 어디서 성장했는가이다. 같은 고향이라도 성장했던 지역의 언어에 따라 언어 발음이 달라진다.

에~ 또

거~

말할 때마다 습관적으로 자신도 모르게 사용하는 단어가 있다. 한두 번은 사투리로 애교 있게 들어줄 수 있지만, 지나치게 반복하여 사용하면 상대에게 부담을 주거나 짜증을 만들게 된다.

빨리 빨리 말해!

말을 길게 하거나 느리게 하는 습관은 상대를 피곤하게 만든다. 지나치게 길게 설명하는 습관도 상대에게는 부담을 주거나 피곤하게 만드는 습관이다. 지역에 따라 다르게 사용하는 언어가 때로는 지역의 향수를 자극시키는 긍정적 작용도 하지만, 지나치면 부정적 감정을 만든다.

언어는 단어의 조합이다. 어떤 단어를 어떻게 사용하는가는 자신의 습관에서 나타난다. 간결하면서도 애교 있는 단어를 습관적으로 사용하면 상대의 감정을 자극시켜 좋은 관계를 만든다.

그랬어~예

경상도 사투리이지만 애교 있다.

거시기

전라도 사투리이지만 상대에게 편안함을 준다. 이처럼 지역마다 독특한 사투리를 적절하게 사용하면 상대에게 흥미와 재미를 주는 대화방법이 된다.

말 많은 습관

수다쟁이

지나치게 말이 많은 사람, 실수를 인정하지 않고 이리저리 핑계를 대는 사람을 이르는 말이다.

횡설수설

무슨 말을 하는 것인지 이랬다 저랬다 하는 사람이다. 습관적으로 횡설수설하거나 중얼중얼 거리는 사람도 있다.

잔소리

같은 말이나 같은 내용을 반복하여 스트레스를 주는 사람이다. 같은 이야기를 지속적으로 말하는 것은 잘못된 습관으로, 상대에게 고통을 준다. 잔소리는 갑이 을을 통제하거나 억압하는 수단으로 상대에게 피곤함과 고통을 주는 습관이다.

말 없는 습관

꿀 먹었냐?

맛있는 꿀을 먹어 말을 못할 때 흔히 "꿀 먹은 벙어리"라고 한다. 대화를 하면서 지나치게 작은 소리는 소통에 문제가 된다. 토론시간에 아무 말도 없이 앉아 있기만 하는 사람이 있다. 자신의 의견을 제시하지 않는 사람 중에는 습관이 문제가 되는 경우도 있다.

대인관계는 적당하게 말하고 적절하게 말하는 습관이 필요하다. 자신의 말하는 습관이 상대에게 좋은 이미지를 주게 되므로 긍정적으로 말하고 적극적으로 표현하는 습관을, 어려서부터 부모는 자녀에게 가르쳐야 하고 교사는 학생을 이끌어 주어야 한다. 어려서 형성된 말하는 습관은 평생 동안 이어지기 때문이다.

"어릴 때 너희 아빠 같아."

안 좋은 버릇을 닮았을 때 주변에서 하는 말이다.

"짜거나 매우면 안 먹어요."

입맛이 까다롭거나 잘못된 습관을 아이가 할 때 부모를 닮았다는 말을 한다. 버릇이나 습관이 닮는 이유는 단순하게 DNA 때문이라고 한다. 어쩌면 선천적으로 닮는 것보다 성장과정에서 자연스럽게 보고 듣는 생활 활동에서 자연스럽게 닮아 가는 것이라 본다.

성격도 닮는다.

"까다로운 것 그대로 닮았다니까?"

성격이 까다롭거나 따지는 행동이 무의식적으로 반응하는 경우이다. 꼬치꼬치 따지는 행동도 습관이다. 따지는 것이 아니라 궁금해서 물어보는 경우에도 지나치게 세부적으로 반복하여 말하는 것 또한 습관이다. 무의식적으로 질문하는 습관이 상대에게는 부담이 된다. 까다로운 부모에서 성장한 자녀가 까다로운 성격이 된다.

습관은 무의식적 말과 행동으로 나타난다.

"아들아, 항상 말조심, 행동 조심해라!"

어머니 말이 귓전에 딱지가 되면 매사에 조심하게 된다.

"실수하면 안 돼!"

스스로 이런 생각을 한다면 의식이 살아 있다는 것이다. 술을 마셔도 말과 행동을 조심해야 한다는 생각을 한다면 예의 있는 사람이라는 평가를 받기도 한다. 남자는 술을 마셔도 되고 여자는 술을 마시면 안 된다는 기준은 사라졌다. 그러나 누구나 술을 마시고 잘못한 실수를 술을 원인으로 면피성을 받으려는 생각은 잘못된 생각이다. 평소의 습관이 술을 마시거나 결정적인 위급한 순간에 행동으로 나타나기 때문이다.

어릴 때부터 주입되어 훈련되는 것이 습관이다. 주변의 가족이나 환경요소에서 보고 들으면 주입된 정보가 습관으로 형성된다.

"아들아, 이런 행동을 하면 다른 사람에게 피해를 준단다."

"다리 좀 그만 흔들어!"

앞에서 선생님이 소리를 쳤다. 강의실 앞에서는 학생들의 모든 행동이 한눈에 들어온다. 학생들은 자신의 작은 행동을 교사가 보지 못할 것이라고 생각한다. 몸을 비꼬는 학생, 비뚤게 앉아 있는 학생, 손가락을 움직이는 학생 등의 모든 동작이 교사에게는 거슬리는 행동이다.

한두 번의 경고에도 학생들의 습관이 고쳐지지 않을 때 교사는 큰소리를 치는 경우가 있기도 한다. 이것은 공부하기 싫어 나타내는 장난으로 보이기 때문이다.

또한 맞선을 보면서 습관적인 실수 때문에 거절당하는 경우도 있고, 지나치게 긴장해서 면접관에게 경고를 받는 경우도 있다.

방어적 습관

성장과정에서 공격을 받고 자라면 자신도 모르게 방어적 습관이 형성된다. 사고방식이 습관을 만든다. 긍정과 부정의 사고방식이 적극적 행동과 소극적이고 방관적 행동을 만든다. 부정적이고 소극적인 습관은 자신감을 억압하여 대인관계에서 소외당하거나 고립되어 술을 마시는 등의 다른 방법에 의하여 폭발하는 경우도 있다.

"술기운에 말하겠다."

술을 먹어야 하고 싶은 말을 하는 사람은 평소에는 용기가 없고 자신감이 없어 하지 못하는 말을, 술에 의하여 면피를 받고자 하는 어리석은 습관이 형성된 것이다. 술만 먹으면 말이 많아지고 용기 있게 말하는 것은 술을 이용하여 평소의 생각을 전달하려는 잘못된 사고방식이다.

자녀가 부모에게, 후배가 선배나 상사에게 술을 핑계로 평소에 하지 못한 말을 꺼내어 횡설수설 떠들면서 실수를 인정받으려는 어리석은 행동은 상대로 하여금 이해나 용서를 받기 위함이다.

경쟁의식을 심는 교육이 잘못된 습관을 만든다.

"반드시 싸우면 이겨야 한다."

"싸울 때는 수단과 방법을 가리지 말라."

"상대의 실수가 너에게는 기회가 된다."

"필요 없는 온정을 베풀지 말라."

"상대의 허점을 노려라."

"가르쳐 주지 말라."

자녀에게 상대와의 경쟁의식을 심어 주면, 공격적이고 비판적인 성격으로 성장하여 피해의식을 가지게 됨으로 인해 대인관계를 회피하게 된다. 잘못된 사고방식이 평생 동안 습관이 되면, 대인공포증으로 고통을 받을 수도 있다.

공격적 습관

상대가 자신의 의견에 반대하면 공격적 반응을 하게 된다. 특히 모든 사람이 찬성하고 동의하는데 적극적으로 반대를 하는 경우, 상대를 공격하는 것은 당연하다. 문제는 상대가 조금이라도 반대하는 느낌을 받으면 무조건 공격하는 행동이다.

대화는 서로의 생각을 나누는 것이고 서로 다른 생각이 좋은 아이디어를 만들기 때문에 무조건 찬성하는 대화보다는 서로의 생각을 비교하여 새로운 생각으로 만들어 가는 대화나 토론이 중요하다. 이처럼 토론은 서로의 생각을 비교하는 대화의 마당이다. 의견이 다르다고 무조건 비판하거나 공격한다면, 상대의 좋은 생각을 얻을 기회를 상실한다. 상대를 인정하는 자세가 대인관계를 원만하고 긍정적으로 이끌어 간다.

성장과정에서 공격을 받으면 습관적으로 상대를 공격한다. 부모가 공격적 아이로 키우면 성장 이후 공격이 습관이 되어 대인관계를 어렵게 만든다. 자녀를 부모의 이야기에 경청하고 순종하는 습관을 키우는 것이 후천적 성격을 만드는 데 도움이 된다.

의식은 어려서부터 어머니의 말에서 대부분 만들어진다. 아버지는 대화시간이 부족하기 때문에 대부분 어머니의 대화가 자녀의 의식을 만든다. 자녀를 보면 어머니를 알 수 있다고 하는 것은 그만큼 어머니의 역할이 중요하다는 것으로, 자녀의 이미지를 만들어 주는 것이 어머니라는 의미이다. 인간의 혈족을 모계에서 파악하는 이유도 자녀의 모든 이미지가 모계에서 이어지기 때문이고, 어머니의 극성은 모계로 이어지는 DNA에 있기 때문이다.

어머니가 자녀의 잘못된 행동을 어떻게 가르치는가의 방법에 따라 자녀는 부모를 보고 습관을 가진다. 부모의 말과 행동이 다르면 자녀는 부모와 같이 말과 행동을 다르게 학습 받는다.

교육은 말이 아니라 실천이다

습관은 교육으로 키운다. 학부모 강의를 하다 보면 가끔 "강사님은 아이들을 어떻게 키웠어요?" 하는 질문을 가끔 받는다. 그때마다 자신 있게 말할 수 있는 것은 별로 없다.

"스스로 생각하고 행동하도록 방향만 제시해요."

습관은 스스로 생각하고 행동하는 과정에서 습득되기 때문에 아이가 스스로 옳고 틀림을 생각하고 판단하도록 돕는 것이 올바른 교육이다. 행동 하나하나를 지적하면서 무엇이 틀린가를 말하면 아이에게는 고문이다.

습관은 무의식적으로 학습된다. 올바른 습관을 의식적으로 주입시키는 방법은 스스로 생각하고 판단하여 행동하도록 방향을 제시하는 것이다.

성장과정에서 자연스럽게 습득되는 무의식은 생활방식이고 사고방식이다. 생활환경과 방법에 따라 생활방식이 학습되고 긍정과 부정, 소극과 적극의 사고방식도 형성되어 의식이 된다.

스티브 코비는 자신의 저서 〈성공하는 사람들의 7가지 습관〉은 많은 사람들에게 평소의 습관을 강조했다. 7가지 대부분이 평소에 누구나 신경을 쓰면 되는 간단한 요소이지만, 생활 습관을 길들이는 자세에 따라 결과는 달라진다.

- 주도적이 되라.
- 목표를 확립하고 행동하라.
- 소중한 것부터 먼저 하라.
- 상호이익을 추구하라.
- 경청한 다음에 이해시켜라.
- 시너지를 활용하라.
- 심신을 단련하라

자기 생활에 충실한 사람은 자기가 주인이다. 충실한 사람은 목표가 설정되어 있기 때문에 중요한 것부터 하나씩 실천한다. 원만한 대인관계를 가진 사람은 서로 협력하고 상대의 이야기에 경청하며, 자신의 장점을 최대한 이용하여 정신력을 훈련시키는 노력을 한다.

올바른 생활습관을 가진 사람은 작은 습관에서 큰 목표를 추구하기 때문에 성공률이 높다. 평소부터 차근히 준비하는 습관이 성공을 위한 도전과 창조를 하게 된다. 습관은 근면과 성실, 자기관리를 통해 만들어지고 평생 동안 이어진다.

1%의 습관이 99%의 생활을 결정짓는다. 작은 말과 행동이 인생의 성공과 실패를 결정짓는 원인이 된다. 습관적으로 하는 말과 버릇이 대인관계에서 신뢰성을 얻어 타인으로부터 인정받고, 도전적이고 창조적인 사람으로 평가받는다.

2

칭찬 습관을 기르자

칭찬은 인간의 영혼을 따뜻하게 하는 햇볕과 같아서
칭찬 없이는 자랄 수도, 꽃을 피울 수도 없다. −제스 레어

한국인의 단점이 상대를 칭찬하는 데 인색하다는 것이다. 상대를 칭찬하면 바보처럼 인식되는 경향이 있기 때문이다. 처자식을 자랑하면 '팔불출'이라고 부른 것도 한국 사회의 잘못된 풍습이다.

어릴 적 주변 어른의 칭찬을 받고 성장한 아이와 야단을 받고 성장한 아이의 차이점은 대인관계에서 드러난다. 칭찬을 받은 아이는 자신감이 강하나, 야단을 받은 아이는 매사에 소극적이거나 방관자의 입장에서 생각하고 행동하는 경향이 크다.

무의식중에 상대를 칭찬하는 습관이 필요하다. 그렇다면 무엇을 어떻게 칭찬할 것인가? 계획적인 칭찬보다는 즉흥적인 칭찬이 상대를 감동시킨다.

즉흥적 칭찬을 하려면 평상시에 칭찬하는 습관이 필요하다. 회사 내에서 칭찬을 잘하는 사람으로 정평이 난 사람이 있다. 회사에 근무한다면 누구나 칭찬 한두 번은 모두가 받았을 정도로 많은 동료들을 다양한 방법으로 칭찬을 한다.

칭찬을 잘하는 사람은 평소에 상대의 칭찬요소를 파악한다. 상황에 맞는 칭찬을 하기 때문에 상대를 감동시키고 동료애를 깊게 한다.

"회사에서 강 과장님 칭찬을 받지 않으면 우리 회사 사원이 아니지!"

만나는 모든 사람을 다양하게 칭찬하는 강 과장을 지칭하는 말이다.

그러나 어색한 칭찬은 오히려 받는 사람의 기분을 나쁘게 할 수도 있다.

"아니, 이거 칭찬이야, 욕이야?"

칭찬하는 방법을 모르면 어색한 칭찬이 되어 상대 마음을 나쁘게 자극시키는 결과를 초래한다. 칭찬은 말과 표정이 하나가

되어 진심을 나타내는 자세가 중요하다. 칭찬하는데 표정이 나쁘다면, 상대는 칭찬이기보다는 비판이고 비난이라고 생각하게 된다.

그렇다면 어떤 것을 칭찬할 것인가? 무조건 칭찬하는 것보다 칭찬할 요소를 칭찬해야 칭찬의 효과가 있다.

"그래, 그래 잘했다. 어서 가 놀아!"

아이가 할 일을 하지 않아도 칭찬을 한다면 아이는 스스로 판단하고 행동하는 능력이 사라진다. 언제든지 누군가 도와줄 것이라는 착각이 사회생활을 어렵게 만든다. 사회는 부모의 도움이 없이 스스로 무한 경쟁을 해야 하기 때문에 가능성을 칭찬하는 것이 좋다.

잘못한 행동까지 칭찬을 하면, 아이는 자신의 행동에 대한 죄악이나 책임감을 전혀 느끼지 못하게 된다. 과잉보호와 과잉 칭찬은 아이를 도와주는 것이 아니라 오히려 망치게 만든다.

장점을 칭찬하라

칭찬할 요소가 없으면 칭찬하지 않는 것이 좋지만, 누구나 장점을 가지고 있다. 각기 다른 장점을 극대화시키는 칭찬은 누구에게나 자극제가 된다. 상사가 직원을 칭찬할 때 업무나 행동에 대해 구체적으로 칭찬을 하면, 직원은 스스로 업무에 대한 책임감을 가지게 된다.

이처럼 상사의 칭찬은 업무적 책임감과 조직의 소속감을 심어 주는 칭찬방법이다. 주변으로부터 아무런 칭찬이나 비판을 받지 않는다면 소속감에 방황하게 된다.

누구나 가끔은 자신의 존재감에 고민한다.

"나는 뭐하는 존재인가?"

"나의 역할은 무엇인가?"

"회사에 필요한 사원인가?"

"가족에게 나는 누구인가?"

"내가 할 수 있는 일이 있을까?"

사회나 조직생활에서 이런 고민을 해결해 주는 방법이 칭찬이다. 조직관리에서 리더십은 상사나 동료의 작은 칭찬이다. 장점을 칭찬함으로써 자신의 역할이나 소속감을 느끼게 만든다.

칭찬은 관심을 이끌어 가는 방법이기도 하다. 주변의 관심을 받기 위해 칭찬받을 행동을 찾게 된다. 부모의 관심을 받기 위해 아이는 여러 가지 행동을 하는데, 자칫 그 판단이 잘못되면 사고를 일으키게 된다.

"왜 이런 행동을 했지?"

사고를 낸 아이는 관심을 얻기 위해서 했다는 대답을 한다. 칭찬받을 행동을 할 수가 없어 사고를 냈다는 아이들이 의외로 많다.

구체적으로 칭찬하라

장점에 대해 구체적으로 칭찬한다. 구체적으로 칭찬하기 위해 단계별로 칭찬받는 내용을 제시하는 것이 좋다.

"이렇게 했다는 것은 대단한 거야."

과정 중 어떤 부분에서 칭찬받는 것인가에 대한 구체적인 제시가 칭찬을 통한 발전을 가능하게 한다. 과정에 대한 자신의 역할이나 결과에 대해 칭찬을 받을 때 자신감이 형성된다.

"아하! 이렇게 했더니 칭찬을 받는구나."

과정을 구체적으로 제시함으로써 칭찬받는 사람에게 확신을 심어 주는 것이다.

"다음에는 이렇게 해야겠다."

칭찬은 단계적으로 발전하는 방향을 제시하는 방법이다.

남과 다르게 칭찬하라

학급 아이들을 칭찬하는 선생님에게 학생이 질문했다.

"선생님, 왜 나는 광수보다 더 많이 했는데 칭찬별이 적어요?"

아이들은 선생님에게 칭찬받기를 원한다. 부모의 칭찬보다 선생님의 칭찬을 원하는 이유는 많은 학생으로부터 받는 공개적인 칭찬이기 때문이다. 이처럼 친구들에게 자랑하고 싶은 것은 성장과정의 모든 아이들의 마음이다.

"참 잘했어요."

점수를 잘 받았거나 좋은 일을 했거나 청소 등을 솔선수범했을 때 선생님이 찍어 주는 도장을 받기 위해 아이들은 노력한다. 성인이 된 이후 학창시절『참 잘했어요.』도장을 받던 기억을 할 때가 있다. 아이들이 칭찬받기 위해 노력하는 것은 칭찬의 가치를 알기 때문이다.

칭찬하는 요령에서 같은 칭찬을 하는 것보다는 조금씩 서로의 장점을 비교하여 칭찬하는 방법이 칭찬의 효과가 크다. 나는 이런 칭찬을 받았는데 친구는 다른 칭찬을 받았다는 비교가 칭찬을 받기 위한 다양한 생각을 하도록 유도한다.

반전하는 칭찬을 하라

대부분 칭찬은 올바른 행동의 과정이나 결과에 대한 평가이다. 부족하거나 잘못된 판단에 대한 평가는 비판을 받지만, 칭찬은 가장 강력한 자극제이기 때문에 비판을 칭찬으로 바꾸면 부족하였거나 잘못된 생각과 행동을 바꾸는 계기점이 될 수 있다. 따라서 반전의 기회를 주는 칭찬이 중요하다.

성장과정에서 실수는 자연스런 것이다. 잘못을 지적하는 것보다 잘한 부분과 잘못된 부분을 나누어 지적해 주는 칭찬이 성장과정의 아이들에게 올바른 방향을 제시할 수 있다.

신입사원의 경우 실수를 지적하고 비판하기보다는 어떤 점은 잘했고 어떤 점이 부족했으며 잘못했는가를 지적해 주는 칭찬이 직원들로 하여금 믿음과 신뢰감을 만든다. 상사는 군림하기 전에 조직원의 어떤 장점을 어떻게 칭찬할 것인가? 를 생각하라. 칭찬하는 상사가 리더십을 인정받는다.

감동시키는 칭찬을 하라

칭찬의 목적은 감동의 자극을 주기 위함이다. 칭찬을 통해 자신의 장점을 찾아준다.

"희수는 매번 95점 이상인데, 너는 이번 처음 90점이구나?"

칭찬도 아니고 비판도 아닌 비교는 아이를 혼돈시킨다.

"지난번 80점에서 이번에 90점을 받았네!"

칭찬을 통해 발전가능성을 제시하면, 자신감을 가진다.

"이렇게 조금씩 올라가면 최고가 되겠구나!"

칭찬을 통해 어떻게 감동시킬 것인가의 방법을 찾는다.

"김 대리는 이 분야의 최고이네!"

구체적이면서 장점을 극대화시키는 칭찬이 상대를 감동시킨다.

"홍 연구원, 패션 감각은 탁월해요. 너무 부럽다!"

취미나 특기 등을 칭찬하여 자신감과 성취감을 심어 준다.

상황에 적절한 칭찬을 하라

칭찬이 습관화되어 있지 않으면 엉뚱한 칭찬을 하게 마련이다.

칭찬을 하고 싶은데 상황에 맞지 않는 칭찬을 하면 분위가 썰렁해진다. 신경을 집중해서 장점을 칭찬했는데, 상황에 맞지 않는다면 당사자는 순간 황당할 수밖에 없다.

예식장에서는 예식장에 맞는 칭찬, 상가에서는 상가에 적합한 칭찬, 취임식이나 퇴임식 등 상황에 적합한 칭찬을 해야 한다. 축하 분위기에서 성격을 칭찬하는 것은 썰렁한 칭찬이다. 급하게 화장을 하고 왔는데 화장법을 칭찬하면 당황한다. 칭찬이 습관화되지 않으면 엉뚱한 칭찬으로 상대에게 피해를 줄 수 있다.

다양한 방법으로 칭찬하라

장소나 시간 등 때와 시의 구분 없이 상황에 적절한 요소를 칭찬할 수 있다. 직접 말하기가 어려울 때 메모로 칭찬하기도 하고, SNS를 통해 칭찬하는 방법도 있다. 같은 칭찬도 다른 방법으로 칭찬할 때 칭찬하는 사람의 진실성을 인정받는다.

칭찬에도 기술이 있다. 무조건 칭찬하면 오히려 칭찬이 상대를 비웃는 것으로 오해를 받을 수도 있다. 칭찬은 습관적으로 반복해야 자연스런 칭찬을 할 수 있게 된다. 아래에 칭찬을 하는 여러 가지 다양한 기법을 소개한다.

칭찬기법	칭찬 사례
직접 칭찬	당신은 멋쟁이!
간접 칭찬	백화점에서 먹은 것보다 맛있다.
비유 칭찬	언니보다 더 예쁘다.
비교 칭찬	내 친구보다 더 잘 만들었네.
극찬 칭찬	역시 당신은 최고야!
소유물 칭찬	귀고리 잘 어울리는데!
비전 칭찬	이대로 하면 요리전문가 되겠네.

칭찬기법 체크리스트

3

매력적인 사람이 상대를 감동시킨다

인간은 좋은 사람과 나쁜 사람으로 나누는 것은 무의미하다.
인간은 매력이 있는가, 없는가 둘로 나누어질 뿐이다. **—오스카 와일드**

어떤 사람을 매력적인 사람이라고 부를까?

옷을 잘 입는 사람, 매너 있는 사람, 돈 잘 쓰는 사람, 말 잘
하는 사람, 칭찬해 주는 사람, 분위기 있는 사람, 서비스 잘하

는 사람, 희생정신이 강한 사람?

매력의 기준을 어디에 두어야 할까? 대니얼 카너먼 교수는 성공 여부를 좌우하는 것은 지능, 학벌, 운보다 '호감' 즉 '끌림'이라고 했다. 누군가에게 끌림이 많다는 것은 매력적인 요소가 많다는 것이다. 매력적인 요소가 많을수록 사람들에게 호감을 얻을 뿐만 아니라, 사회생활을 하는 데 매우 유리하다. 매력이 트랜드가 된 지금 이 시대에 매력 있는 사람은 성공하기에 적합하다.

그렇다면 매력(魅力)이란 무엇일까? 매력의 사전적 의미는 "사람의 마음을 사로잡아 끄는 힘"이다. 진정한 매력형 인간은 겉모습뿐만 아니라 내면의 아름다움과 열정적이고 창의적 요소까지 두루 갖춘 사람을 말한다.

눈에 보이는 외모나 보이지 않는 지성의 기준은 자신에 따라 달라진다. 상대에게 이미지는 중요하다. 상대적 관계를 이끌어 가는 것이 이미지이다. feel이라는 단어는 이미지이다. 느낌에서 오는 감각이 상대를 매료시킨다.

"박 대리"하면 어떤 성격의 어떤 매너를 가진 사원이라는 이미지가 회사생활에서 관계를 만들어 간다.

"오늘 회의는 누가 사회를 본대!"

"오늘 회의에 누가 온대!"

참석자 명단을 보고 참석할 것인지, 이유를 대고 빠질 것인지 등을 결정하는 것은 상대방의 이미지 때문이다. 지루하게 회의를 이끌거나 지나치게 말이 많고 비판적이거나 독선적인 사람과 토론을 거부하는 것은 이미지 때문이다. 서로 피곤한 관계에서 피하기 위한 회피이다.

이미지는 외모로부터 내면적 성격, 취미, 특기, 매너 등 모든 것을 포함하기 때문에 평생 동안 붙어 다니는 이름과도 같다. 어려서부터 만들어진 이미지는 쉽게 변하지 않기 때문에 성장과정에서 좋은 이미지를 만드는 노력이 필요하다.

이미지는 환경의 영향을 받는다

어떤 환경에서 어떤 교육을 받았는가에 따라서 얼굴 표정과 미소 등이 만들어진다. 맹모삼천지교의 맹모나 신사임당 등은 자녀교육에서 환경의 중요성을 인식하고 좋은 교육환경을 만들어 주기 위해 노력했다.

주변 환경은 이미지 형성에 영향을 준다. 보는 대로 닮는다는 의미는 보는 대로 따라 하다 보면 표정이나 행동, 말하는 발음 등이 닮는다는 것이다. 환경 적응 과정에서 반복훈련이 각자의 이미지를 만들기 때문이다. 웃는 얼굴을 보면 자신도 웃기 때문에 웃는 이미지가 저절로 만들어진다.

대표적으로, 하회탈은 미소가 매력이다. 주름 깊은 하회탈은 보는 사람에게 웃음을 준다. 이에 반해 공포감을 주는 탈도

있고, 웃음과 해학을 주는 탈도 있다. 탈문화는 세계 모든 국가가 전통적으로 이어 오는 문화 중의 하나이다. 탈이 가지고 있는 이미지는 전통적인 풍습으로 이어지고 있다. 탈의 형상을 보면 그곳의 문화를 볼 수 있다. 그 이유는 탈 속에 이미지가 담겨 있기 때문이다.

한국에 수많은 탈이 있지만 하회탈은 보는 사람에게 웃음을 주는 대표적인 이미지를 가지고 있다. 탈이 지니고 있는 이미지는 다양하다. 할미탈은 할멈, 각시탈은 새색시, 그리고 선비탈, 백정탈 등 다양한 이미지를 가지고 있다.

자신은 전통적 탈의 유형 속에 어떤 탈에 속한다고 생각하는가?

선택한 탈이 지니고 있는 이미지가 자신의 이미지가 될 수 있다. 마음속에 반복하여 탈을 기억하고 탈의 역할을 한다면, 어느 순간 탈의 이미지가 자신의 얼굴이 되어 가는 것을 느낄 수 있을 것이다.

매력적 이미지를 만드는 방법

한동안 보조개 성형수술이 유행했었다. 남성의 마음을 잡아당기는 힘이 있다는 소문이 인위적으로 보조개를 만드는 유행을 만들었다. 보조개의 매력은 남성의 심리적 자극을 주는 매력이다.

게다가 최근에는 사각턱을 가진 얼굴형을 계란형의 미인 얼굴로 만드는 수술이 유행하고 있다. 얼굴의 매력을 인위적으로 만드는 것은 오래전부터 인류역사에 기록된 매력적 이미지로 만드는 방법 중의 하나이다.

그렇다면 매력적 이미지는 얼굴이나 신체에만 있는 것인가? 사람의 매력은 크게 세 가지로 구분된다.

인격적 매력

인격이나 인품은 도덕성과 예의, 지적 수준의 학식 등의 준비 여부에 따라 달라진다. 더불어 인격이나 인품은 타인의 존경을 받을 자격이라 본다.

그런데 여기에서 '존경의 대상'이라는 이미지는 상대적이다. 교사는 학생에게 존경의 대상이고, 부모는 자녀에게 존경의 대상이다. 문제는 교사나 부모가 자신의 역할을 수행했을 때 존경을 받는다는 점이다. 무조건 존경하는 것이 아니라, 조건이 준비된 사람을 존경하는 것과 같이 이미지는 이러한 조건을 준비하는 것이다.

능력(금전)적 매력

배고픈 선비사상은 자본주의에서는 무능력자로 구분된다. 선비의 능력도 경제적 능력이 있을 때 평가받는다는 것이다. 아무리 학식이 높아도 경제력이 없으면 무시당하는 시대이다. 덕망이라는 이미지가 품격과 능력으로 인정받는 시대가 아니다.

비즈니스 우먼파워

일하는 여성에 대한 능력을 인정하는 이미지이다. 일하는 능력과 경제력을 동시에 갖춘 능력자의 이미지로 구분된다.

　여성이 집안일을 하던 시대에서 여성도 남성과 동등하게 일하는 시대로 변화함에 따라 능력 있는 여성은 비즈니스우먼으로서 인정받고 있다. 남성보다 여성이 사교적·사회적 능력을 인정받는 시대이기도 하다. 여성의 세심하고 세밀한 이미지가 다양한 분야에서 능력으로 평가받는다.

　모성애가 부각되는 사회에서 여성의 이미지는 능력자로 구분된다. 서비스 업종이나 서류관리, 직원관리, 물품관리 등에서 여성의 섬세함이 효율성을 높이고 있으며, 다양한 기술 분야에서도 여성의 능력이 높게 평가받고 있다. 나약하고 남성으로부터 보호를 받던 이미지가 깨지고, 강한 여성상이 부각되고 있다.

외모(매너)적 매력

존 말코비치, 안소니 홉킨스, 브루스 윌리스, 안젤리나 졸리 등 세계적인 배우들은 외모와 연기로 인기를 얻고 있다. 영화 속에서 다양한 조명을 받은 모습이 우상적 이미지로 각인된다. 배우들의 웃는 표정과 미소, 강렬한 액션 등이 강하게 이미지로 기억되어, 대중들은 그들의 동작 하나하나에 열광한다.

이처럼 외모가 대인관계에서 중요한 역할을 하고 있다. 현대는 새로운 외모를 성형으로 바꾸는 시대이기도 하다.

취업에서 외모는 가장 중요한 면접요소로 부각되고 있다. 이력서에 첨부할 사진을 찍기 위해 전문적 사진기술을 이용하고 있다. 찍는 각도에 따라서 인상이 달라지기 때문인데, 이 때문에 어떤 회사에서는 정면사진이라고 명시하기도 한다. 이유는 각도에 따라 다른 얼굴을 식별하기 위함이다.

실제로 어느 기업 면접실에서 벌어진 일이다. 사진을 보고 능력을 평가받은 신입사원이 면접실에 들어왔다. 그런데 면접관은 반복하여 본인이 맞는가를 질문했다. 이력서 사진과 실물이 달라도 너무 달랐기 때문이다.

　방학 때가 되면 학생들은 예뻐지기 위해 성형하는 데 많은 돈과 시간을 소비하곤 한다. 외모지상주의가 판을 치는 이 시대에 '좋은 외모'는 그 자체만으로 매력적으로 느껴지기 때문이다. 하지만 외모만으로 만들어진 매력은 수명이 짧다. 외모가 빛을 발산하는 시간은 몇 초에서 길어야 몇 시간밖에 되지 않는다. 단지 외모뿐인 매력은 만남이 길어질수록 점점 빛이 바랜다.

　따라서 얼굴성형이나 외모만으로 자신을 어필해야 한다는 생각은 버려야 한다. 매력은 외모적 얼굴보다 지적인 내면과 인성까지 갖추었을 때, 비로소 매너와 능력으로 상대를 감동시킬 수 있다.

나만의 매력 이미지를 만들어라

같은 외모, 매너, 능력일 때 기업은 어떤 사원을 선발할 것인가?

　기업은 다양한 부서에 필요한 차별화된 경험과 능력이 준비된 사원을 선발하고 있으며, 독특한 이미지는 사원 선발 시 높은 평가를 받는다. 스펙이 사원선발에서 중요하게 평가하던 시대가 지났고 참고만 하는 시대가 된 이유는, 만들어진 스펙으로 평가하면 실질적인 능력을 평가하기 어렵기 때문이다. 각기 다른 특기가 다양한 사원을 필요로 하는 기업의 평가기준은 다르다. 똑같은 사원을 선발하는 것이 아니라, 다양한 분야에 다양한 능력을 가진 준비된 사원을 선발하겠다는 것이다.

그렇다면 나만의 매력은 무엇일까? 곰곰이 생각해 보아야 한다. 서로 다른 업무를 수행하는 데 똑같은 능력을 가진 사람은 필요하지 않다. 나의 매력과 적합한 직종을 선택하는 것이 가장 행복한 인생을 살아가는 길이다.

S그룹에서 인정받던 과장이 과감히 사표를 내고 요리사 직업을 선택하기도 한다. 인생의 행복을 위한 자신만의 매력을 선택한 것이다. 들어가기도 어려운 직장을 과감히 포기할 수 있는 자신감은 자신의 매력을 정확하게 파악했기 때문이다. 요리사의 길은 험하다. 그럼에도 요리사라는 직업을 선택한 것은 그것이 자신의 꿈이기 때문이다.

이처럼 자신의 매력을 만드는 것은 '꿈'이다. 꿈을 통한 미래에 대한 도전을 준비하면, 독창적인 매력을 갖추게 된다. 대인관계를 이끌어 가는 자신만의 매력을 만드는 사람이 사회에서 성공하는 확률이 높다.

4

인사는 관계의 시작이다

예절이 갖는 힘을 체득하라. 두 배의 가치가 돌아온다.
예절의 기술은 인간관계를 향상시킨다. —그라시안

인사는 관계를 이어 가는 방법이다. 다양한 만남을 통해 인사
하는 말과 행동을 보고 어떤 사람인가를 평가한다.

"인사성이 좋아!"

"인상이 좋아."

"괜찮은 사람이네."

"부드럽구나?"

"깐깐해!"

상대에 대한 예의를 평가하는 것도 인사이다.

"기본이 됐네."

"부모가 잘 가르쳤네!"

자녀의 인사성은 부모교육에 대한 평가로 이어지기도 한다. 인사 한마디 속에 많은 것이 들어 있고, 대인관계의 핵심이 되고 있다. 이러한 인사의 유형은 크게 네 가지로 분류할 수 있다.

예의적 인사

인사는 예의와 동시에 복종이나 순종의 의미를 표시한다. 동물은 꼬리를 내리며 복종을 나타내고, 인간은 인사말을 통해 관계를 이어 간다. 같은 인사이지만 마음을 담은 존경의 인사와 형식적인 겉치레의 인사는 상대에게 주는 느낌이 다르다.

인사가 습관화된 사람은 진심을 표하는 자세가 갖추어져 있지만, 형식적으로 마지못해 하는 인사는 받는 사람에게 불쾌함을 줄 수 있다.

"그렇게 인사하려면 하지 마!"

어른 입장에서 인사하는 젊은이에게 직설적으로 야단을 치는 일들이 사라지고 있다. "젊은 애들이 예의가 없다."라는 등

식은 잘못된 편견이다. 경쟁시대에서 인사는 기본이었지만, 어느 정도 생활의 안정을 추구한 기성인 중에는 어른에 대한 예의보다 실질적인 이익을 추구하는 교육을 강요하기 때문에 인사의 중요성을 무시하는 경향이 있다.

시대의 변화는 인사하면서 악수하는 습관을 만들었다. 말로 하는 인사에서 행동으로 표현하는 인사가 되어, 남자나 여자나 모두가 만나면 인사말과 동시에 악수를 하고 때로는 포옹을 하기도 한다.

인사는 인사말보다 표정이 상대의 마음을 자극시킨다. 고개를 숙여서 인사를 하면서 다른 것을 보거나 아무 말 없이 고개를 숙이면 예의 없이 형식적으로 끄덕거리는 것으로 인식된다. 올바른 인사는 말과 행동, 미소 짓는 밝은 표정으로 인사에 대한 예의를 표시해야 한다.

그렇다면 어떻게 인사를 하는 것이 잘하는 것일까?

인사를 잘한다는 것은 인사를 받는 사람이 인사를 받았다고 느끼게 하는 것이다. 그럼 평소 나는 인사를 어떻게 하고 있는지, 자신을 먼저 생각하고 돌아보는 게 어떨까?

커뮤니케이션의 시작은 인사이며, 인사는 인간관계의 기본이자 서로에 대한 격려의 메시지이다. 밝은 목소리와 기운찬 목소리로 상대방에게 먼저 인사하는 사람은 상대방에게 호감을 주며 일도 잘하는 사람으로 평가를 받지만, 인사성이 없는 사람은 일도 잘 못하고 남들에게 나쁜 인상을 심어 줄 수 있다.

밝은 인사는 내 기분을 좋게 할 뿐만 아니라 상대의 기분까지 좋게 만들 수 있다. 이처럼 좋은 감정은 서로에게 전이되기 때문에 상대를 만날 때는 눈을 마주치고 적극적으로 인사를 해야 한다.

관계적 인사

퇴근 후에 골프연습장에 나가서 연습을 한 후에 땀을 흘리며 무거운 골프 가방을 들고 집으로 올라가는 엘리베이터를 타게 되었다. 나와 함께 동승한 남자 분이 30층 맨 꼭대기 아파트 층의 번호를 눌렀다. 나는 20층에 살고 있는데, 1년이 지난 지금까지 한 번도 만나 보지 못한 이웃이다. 그는 목에 힘을 주고 핸드폰만 보고 있었다. 나는 먼저 웃으며 인사했다.

"30층에 사시는가 봐요?"

그때야 나를 보며 상대방 남자도 미소를 지으며 대답했다.

"예!, 골프연습을 하시고 오시나 봐요?" 라고 말이다.

우리는 함께 엘리베이터를 탔을 때에도 오랜 시간 동안 서로 경계심을 갖고, 어색할 수밖에 없어서 서로 불편한 표정을 지으며 함께 올라간다. 하지만 먼저 인사를 함으로써 서먹서먹한 관계가 순식간에 사라진다. 이 같이 다정한 인사는 우리 이웃 간에 윤활유 역할을 한다.

요즘 같은 각박한 세상에 인사는 상대방에게 친근감을 줄 수 있는 하나의 예의이다. 친절한 인사는 또한 생산성을 높이고 평상시 좋지 않게 본 사람들의 모습을 아주 친절한 사람들의 이미지로 바꿔 주기도 한다.

하지만 인사를 잘하기란 생각처럼 쉽지는 않다. 오클라호마 주립대 특수교육과 조교수 엘런 올데이 박사는 다음과 같이 말했다.

"나이가 들수록 우리는 더욱더 일 위주로 바뀝니다. 그래서 무언가 필요할 때만 사람들에게 말을 거는 경향이 있는데, 그것은 바꾸기 어려운 습관입니다."

부모님이 외출을 한 후에 집에 들어오실 때에는 집안에 있던 자녀들은 모든 일을 멈추고 현관이나 대문 앞까지 뛰어 나와서 인사를 하도록 가르치고, 손님이 오실 때에도 하던 일을 잠시 미루고 현관 앞이나 대문 앞에까지 나가서 공손한 태도로 손님을 맞이하도록 가르치기만 하면, 자녀들의 성공은 이미 보장된 것이나 다름없다.

인사를 잘한다는 것은 자신을 낮추는 겸손한 마음이 있어야 할 수 있는 인간의 중요한 태도이다. 교만한 사람은 절대로 남을 감동시키는 인사를 할 수 없다. "아무 일에든지 다툼이나 허영으로 하지 말고 오직 겸손한 마음으로 각각 자기보다 남을 낮게 여기고"(빌 2:3). 사도 바울이 한 말이다.

인사를 할 때는 상대가 인사를 먼저 하도록 기다리지 말고, 먼저 상대의 눈을 보고 진심으로 마음을 담아 적극적으로 상대가 들을수 있도록 명확하게 인사를 하도록 한다.

인사를 잘하는 사람은 일단 마인드가 긍정적이고 늘 매사에 배려하는 맘을 가지고 있다. 늘 사람과 함께 함을 즐겁게 생각하고 사람을 좋아하게 만드는 조건을 가지고 있기 때문에 주위에 항상 좋은 사람들이 많이 모여든다.

교류적 인사

기업을 방문할 때마다 느끼는 것이지만, 내 나름대로 기업의 이미지를 판단하는 기준이 있다. 기본적으로 기업을 방문했을 때 직원의 인사 태도를 살피게 된다. 경영컨설턴트의 이야기를 들어 보면, 방문했을 때 인사를 잘하는 직원이 있는 곳은 기업 경영이 잘되고 성과도 좋다고 한다.

고객응대의 기본자세는 반갑게 맞이하는 인사이다. 식당을 가면 다양한 직원들의 인사 태도를 보게 된다. 아주 표정 밝게 고객을 진심으로 환영하는 맘으로 대하는 직원도 있지만, 어떤 직원은 표정 없이 말로만 건성으로 인사를 하기도 한다.

다양한 직원들의 인사 모습을 볼 때면 참 안타까울 때가 많다. 어차피 하루는 지나가는데 왜 표정 없이 마지못해 고객을 맞이하면서 일을 해야 할까? 즐거운 맘으로 긍정적인 태도로 하루를 시작하면 내 맘도 행복해지고 일하는 능률도 오를 텐데, 피곤하다는 부정적인 맘으로 건성 인사를 하는 태도를 보면 안타까울 때가 많다.

성공한 식당을 보면 직원들의 인사하는 모습부터 다르다. 목소리도 명랑하고 활기가 넘쳐 일하는 모습이 자신의 일에 자부심을 가지고 최선을 다하는 모습으로 보인다.

필자의 지인이 운영하는 가게의 직원은 고객에게 인사를 제대로 하지 않아서 고객에게 나쁜 이미지를 주었다. 고객응대의 기본인 인사를 잘하지 못해 늘 지적을 당하는데도 불구하고 고치려고 하질 않아, 고객의 불만을 해소하기 위해 서비스교육의 필요성을 느낀 원장은 직원교육을 의뢰했다.

교육을 하면서 직원의 태도를 살펴본 결과, 부정적인 생각이 많고 배우려는 자세와 자신을 변화하려는 의지가 보이지 않았다. 지금까지 해왔던 습관들이 금방 바꾸기는 어렵지만 노력하면 바꿀 수 있는데도 불구하고, 그 직원은 자신의 인사 태도를 바꾸지 못하고 결국 회사를 그만두게 되었다. 서비스 직종에 근무하면서 고객을 응대하는 기본적인 자세가 되어 있지 않으면 어느 곳에서든 일을 할 수가 없다.

인사는 고객과의 첫 번째 교류방법이고 서비스에 대한 예의를 표시하는 방법이다. "정성과 마음을 다하여"라는 문구는 형식적 인사가 아니라 마음에서 나오는 인사를 해야 한다는 교류

방법을 제시하는 것이다.

도덕적 인사

인사에서 행동보다 사용하는 말이 중요한 것은 어떤 단어를 사용하는가에 따라서 지식수준과 도덕수준이 평가되기 때문이다. 인사말에서 존칭은 중요하다. 사회생활에서 존칭을 사용하는 습관이 중요한 것은 무의식중에 무심코 나오는 언어를 듣는 상대가 느끼는 감정이 다르기 때문이다.

직장 생활에서 인사하는 방법

인사는 적극적으로 센스 있게. 직장에서 윗사람이나 동료로부터 호감을 얻을 수 있는 방법 중 하나는 상대방에 대한 배려가 느껴지는 부드러운 언어 구사이다.

"제가 먼저 해도 괜찮으시겠습니까?"

"먼저 하시지요."

"지금 다녀와도 되겠습니까?"

배려 있는 유연한 언어표현은 상대방으로부터 호감뿐 아니라 신뢰를 얻는 계기가 된다.

대화할 때 적극적인 감사표현까지 적절히 곁들인다면, 윗사람은 물론이거니와 동료와 후배들로부터 매너 있고 예의 바르다는 인상을 주게 된다. 직장에서의 인사는 가능하면 적극적으로 상황에 적절히 하는 센스가 필요하다. 형식을 제대로 갖추지 않거나 상황에 맞지 않는 인사는 오히려 군더더기나 결례가 되기 때문이다.

출근과 퇴근 시 상사에 대한 예의

출근할 때는 밝은 표정과 적극적인 태도로 명랑하게 인사한다. 윗사람이 사무실에 들어오면 일어서서 인사하고, 출근이 늦었을 때는 상사 앞에 다가가서 겸손한 태도로 분명한 사유를 밝힌다. 이때 이유나 변명보다는 사과부터 하는 것이 예의다.

퇴근하려는데 상사가 업무가 끝나지 않았다면 상사에게 "수고하셨습니다."라는 인사보다는 "아직 일이 많으신 것 같습니다. 제가 할 일은 없습니까?"라는 상대에 대한 예의적 표현으로 말하는 것이 윗사람에 대한 예의이다.

직장 내에서 상사나 동료들과 여러 번 만날 때마다 인사를 해야 하는 것일까? 하루 중 처음 만났을 때는 정중하면서도 명랑하고 밝게 인사를 하고 다시 만나게 될 때는 밝은 표정과 함께 가볍게 목례를 하는 것이 바람직하다.

그렇다면 다른 부서의 모르는 사람을 만났을 경우, 인사를 해야 할까? 먼저 인사를 한 뒤에 주위 동료에게 누구인지 물어보고, 다음에 만났을 때 가벼운 인사말을 먼저 건네는 것이 좋다. 화장실에서 눈이 마주칠 경우에는 인사보다는 가벼운 목례가 바람직하다.

인사와 소개

낯선 사람이 처음 만났을 때 상대방에게 하는 인사말로는 무엇
이 좋을까?

자신을 소개하는 첫 인사말은 "처음 뵙겠습니다.", "인사드
리겠습니다.", "(저는) ○ ○ ○입니다."가 일반적인 인사말이다.

자기 소개방법

자신을 소개할 때 첫인사로 "처음 뵙습니다."라고 표현하는
것보다는 "처음 뵙겠습니다."가 훨씬 자연스럽고 유연한 표현
으로, 국립국어원 등에서도 정형으로 삼고 있다. 처음 만나는
사람에게 직접 자신을 소개할 때는 "안녕하십니까?"라는 표현
을 쓰지 않는 것이 좋다. 하지만 다른 사람이 자기를 상대방에
게 소개한 후의 표현은 괜찮다.

자기 이름을 상대방에게 말할 때 "조기형이라고 합니다.",
"홍서진이올시다.", "홍민혁이올습니다."라는 어투는 거만한
인상을 준다.

현대말의 겸손한 표현으로는 "조기형입니다."가 좋다. 자신
의 직장이나 소속 등을 말할 때는 '총무 팀에 근무하는'보다는
'총무 팀의 이경만' 또는 '○ ○화재 총무 팀의 홍서진'이라는 표

현이 대화에서는 함축적이고 간결한 효과적인 표현이다.

여러 사람 앞에서 자신을 소개할 때는 "처음 뵙겠습니다. 홍서진입니다."가 원칙이다. 그러나 방송 등 공식석상의 무대 등에서 인사는 "처음 뵙겠습니다."가 어색할 경우, "안녕하십니까? 홍서진입니다."라고 해도 무방하다.

[타인 소개방법]

타인을 소개할 때 누구를 먼저 소개해야 하는지 가끔 난감할 때가 있다. 이때는 만약 여러 상황일 경우에는 다음 세 가지를 기억하면서 순서대로 적용하면 된다.

- 자기와 가까운 사람을 먼저 소개한다. 자기 직장 사람과 손님을 소개할 때는 직장 사람을 먼저 소개한다.
- 손아랫사람을 손윗사람에게 먼저 소개한다. 나이 어린 사람을 나이 든 사람에게 먼저 소개한다.
- 남성을 여성에게 먼저 소개한 뒤, 여성을 남성에게 소개한다. 상대 쪽이 나이가 많거나 신분이 높은 경우에는 여성부터 소개한다.

매력적인 퍼스널브랜딩 3
"소통"

상대의 마음을 리드하라
감동 주는 언어수킬을 길려라
자신감을 주는 말의 힘을 키워라
자연스러운 거절 화법을 익혀라

말이 짧을수록 분쟁도 적어진다.
항상 신중한 태도로 말하고 조심해서 말하라.
인생을 살다 보면, 한마디 더 말할 시간은 있어도
취소할 시간은 오지 않는다.
아무리 사소한 말도 가장 중요한 말을 하는 것처럼 하라.

-발타자르 그라시안

"한마디 말로 천 냥 빚을 갚는다."
말 속의 진실과 신뢰가 상대방의 마음을 이끌어 내고 감동시킨다. 상
대의 마음을 감동시켜 원만한 대인관계를 이끌어 가는 소통능력, 대
화능력, 토론능력이 자신을 어필하는 마법이다.

①

상대의 마음을 리드하라

말하는 것은 지식의 영역이고
듣는 것은 지혜의 특권이다. -올리버 웬델 홈스

조직생활에서 나를 이해해 주는 사람이 있다는 것은 생활에 에너지가 된다. 그렇다면 상대를 자연스럽게 설득하는 능력은 어떻게 얻을까?

아버지를 이해하는 딸, 어머니를 이해하는 아들의 관계처럼 말은 서로를 이해하고 옹호하며 생각을 나누어 새로운 생각을 만들어 가는 과정을 이어 가는 것이 비결이다. 상사와 부하직원 간의 문제는 언어 소통의 부재로, 대부분 오해를 만들어 발생한다. 부하직원은 상사의 생각을 파악하고 상사는 부하직원의 생각을 파악하는 수단이 바로 '언어'이다.

같은 말도 전달하는 자세와 소리의 크기에 따라 다르게 전달된다. 분위기나 상황에 따라서 속삭이듯 하는 작은 말과 큰소리로 외치는 말이 있다. 상대의 기분이나 수준 등에 따라 말하는 자세와 방법을 다르게 표현하고 이해해야 상대를 감동시킬 수 있다.

화목한 가족생활을 비롯하여 원만하고 활발한 조직 및 사회생활을 이어 가는 언어능력, 어떻게 하면 좋을지 사례를 통해 상대를 이끄는 말을 알아보자!

화려한 궁전보다 대화 상대가 필요하다

아름다운 궁전에 살고 있던 공주가 점점 쇠약해져 갔다. 아무도 공주가 앓고 있는 병의 원인을 찾지 못했다. 공주에게는 성벽에서 마을을 내려다보는 것이 유일한 낙이었다. 어느 날, 노파가 성주를 찾아와 공주병의 원인을 안다고 말했다.

"네가 공주병의 원인을 아느냐?"

유명한 의사들이 모두 찾지 못한 공주의 병의 원인을 안다는 노파를 성주는 다그쳤다.

"예, 공주병은 간단하게 치료할 수 있답니다."

성주는 공주의 병만 치료한다면 모든 소원을 들어주겠다고 약속했다. 노파는 자신이 들고 왔던 둥지를 내밀었다. 그 속에는 파란색의 앵무새가 들어 있었다. 노파가 내민 앵무새를 공주방에 걸어 놓았다. 그 날 이후 공주의 표정이 변했다. 성주는 궁금한 마음에 공주의 방을 찾았다.

"너는 내 마음을 알지?"

앵무새는 공주를 따라 하며 흉내를 내고 있었다. 공주의 병의 원인은 대화 상대가 없어 생긴 병이었다. 화려한 궁전에 갇혀 있는 공주는 밖에 보이는 마을의 사람들과 말하고 싶었지만, 성주의 반대로 만날 수가 없었던 것이다.

외적인 조건보다 중요한 것이 말이다. 공주는 화려한 궁전보다는 그저 말을 나누는 앵무새가 필요했던 것이다.

만일 당신이 지금 무인도에 혼자 있다고 가정하자. 대화 상대가 없으면 실어증이 생긴다. 무인도에서 필요한 것은 도시에 있는 사람이다. 말을 이해하지 못해도 따라 하는 앵무새조차 그리워질 것이다. 무인도에 먹을거리가 풍부해도 대화상대가 없으면 고독하다. 파도소리와 새소리를 벗으로 삼고 무인도 생활을 하다가도 결국엔 대화 상대를 그리워하다 지치게 된다.

지금 당신에게 필요한 것은 당신의 이야기를 끝까지 들어주고 답하는 사람이다. 상대의 이야기를 끝까지 들어주고 답답함을 풀어 주는 사람이 되도록 노력해 보자.

상대의 이야기를 끝까지 듣고 말하라

"다른 사람의 이야기를 진지하게 들어주는 경청의 태도는

우리들이 다른 사람들에게 나타내 보일 수 있는

최고의 찬사 가운데 하나이다." - 카네기

수없이 많은 소리를 우리는 주변에서 듣는다. 당신은 지금 이 글을 읽으면서도 주위의 여러 가지 소리를 들을 것이다. 하지만 이런 소리들이 우리의 뇌에 모두 저장되지는 않는다. 그 이유는

모든 것을 다 집중해서 듣지 않기 때문이다. 우리는 기억해야 할 것은 저장하고 기억하고 싶지 않은 것은 그냥 들을 뿐이다.

일상적인 대화 속에서 내가 한 말이 상대방에게 전달되지 않는 경우는 대개 상대방이 경청을 하지 않고 그냥 들었기 때문이다.

경청(傾聽)의 사전적 의미는 '귀를 기울여 듣다'이다. 귀를 기울인다는 것은 '정신을 차리고 집중해서 상대방의 이야기를 듣는다'는 의미이기도 하다. 우리는 상대방의 이야기를 들을 때 경청해야 한다. 경청은 상대방에 대한 존중의 의미이기도 하다.

"이런 생각이죠?"

"예, 맞아요, 어떻게 아셨죠?"

'족집게'라는 말은 필요한 말만 골라서 상대의 생각을 골라낸다는 의미이다. 아프거나 가려운 곳을 찾아내어 긁어 주는 사람이 상대의 마음을 이끌어 간다. 상대 마음을 알아내는 방법은 이야기를 들어주는 방법이다. 상대가 무엇을 어떻게 생각하고 있는가를 파악하기 위해서는 끝까지 들어야 한다.

상대가 말하는 도중에 차단하거나 끼어들면서 "그게 이렇다는 것이지?"라고 한다면 상대를 무시하는 행동이다. 같은 사물을 동시에 보고도 느낌이 다르다. 같은 주제이지만 생각하는 방향이 다를 수 있는 것이다.

"김 대리 생각이 이것이지?"

김 대리 말을 끝까지 듣지도 않고 상사가 자신의 생각대로 잘라 말하거나 지시하는 경우, 직원은 상사에 대한 존경심도 사라지고 조직에 대한 충성심도 사라지게 된다. 사람들은 자신이 생각하는 것만 전달하려 하기 때문에 남의 말은 귀담아 듣지 않고 내 의견만 이야기한다. 상대방의 이야기를 듣지 않기 때문에 서로의 절충점을 찾을 수 없고 무엇이 문제인지를 분간하지를 못한다. 상사는 조직에 대한 책임감과 사명감을 심어 주는 대화 방법을 알아야 직원들의 마음을 파악할 수 있다.

상대방의 이야기를 음식처럼 생각하자. 음식을 먹으면 씹고 소화하고 흡수시키는 과정처럼 귀로 들려오는 이야기를 다시 한 번 생각하고 이해해야 한다. 이런 행동은 상대방의 말을 경청하고 말하는 의미를 파악하여 상대방의 의중을 빠르게 파악하게 만든다.

그래서 상대방이 이야기가 끝나자마자 바로 내 말을 하는 것이 아니라 잠시 생각을 하고 이야기를 할 때 상대방에게 신뢰를 얻을 수 있다. 신뢰는 서로 간의 의사소통을 원활하게 만들고 서로 간의 관계를 돈독하게 만드는 연결고리가 된다.

비즈니스에서는 상대방의 말을 제대로 듣지 않아서 일의 성과가 이루어지지 않는 경우가 많다. 만약 아직도 남의 말을 듣기만 한다면 이제는 상대방의 말을 경청해 보자. 귀 기울여 경청하는 것은 사람의 마음을 얻는 것과 같다. 경청을 통하여 상대방으로 하여금 존중의 마음과 긍정의 이미지를 심어 주자.

들었으면 공감하라

"엄마 생각도 너와 같아."

부모와 자녀 간의 대화에서도 자녀가 충분히 이야기할 수 있는 시간을 주는 것부터 중요하다. 자녀의 생각을 끝까지 듣고 같은 생각이라는 표현을 할 때, 가족 간의 신뢰감도 커진다.

회사에서 토론이 유행처럼 일상화 되어 있다. 정해진 토론시간 이외에 커피를 마시다가도 토론이 되고 식사를 하다가도 토론을 한다. 자연스런 토론은 커피를 마시거나 식사를 하면서 등산이나 동아리 활동을 하면서 진행되는 것이다. 상대에게 부담을 주지 않고 대화식으로 토론을 할 수 있기 때문이다.

상대의 이야기를 들었으면, 자신의 생각을 말하라. 이야기를 듣고 아무 말을 하지 않으면 상대는 자신의 말을 무시한다고 생각해서 기분이 나빠지거나 불안해진다. 따라서 상대의 이야기를 들었으면, 자신의 생각을 표현하는 습관이 중요하다. 어떤 점은 같은 생각이고 어떤 점은 다르다는 분명한 표현이 서로의 신뢰감을 만든다.

"나는 오 대리를 믿어요."

"저는 과장님을 믿습니다."

서로 간의 믿음은 주고받은 이야기에서 시작된다. 이처럼 신뢰감은 대화에서 시작되며, 주고받은 대화는 실천하는 행동에서 믿음으로 확정된다.

"김 대리, 말을 했으면 행동으로 보여야 하지 않아?"

상사와의 대화를 행동으로 나타내지 않으면, 지시와 명령으로 끝나게 된다. 대화를 통해 스스로 문제를 해결하는 사람이 상대의 마음을 이끌어 가게 된다.

"김 대리가 맡아 준다면 나는 믿어요."

상사의 불안감은 신뢰와 믿음이 없을 때 증가한다. 평소의 대화와 행동에서 조직원 간의 신뢰와 믿음이 만들어지는 것은, 모든 것이 대화에서 시작되기 때문이다. 상대의 마음을 이끌어 가는 비밀은 평소의 대화에서 형성된 믿음과 신뢰감이다.

맞장구 화법

상대 이야기에 반응하는 방법이 맞장구이다.

"그렇죠."

"맞아요."

"같은 생각이네요."

"어쩜 그 생각과 똑같네요."

가만히 듣고 있는 것보다 맞장구를 치며 관심을 가지고 있다는 것을 보이면, 대화가 한층 더 깊어지고 재미있는 소통이 된다. 그러나 지나치게 끼어들어 맞장구를 치는 것은 오히려 상대의 대화를 방해하는 행동이 될 수도 있다.

이야기는 상대적이다. 말하는 사람과 듣는 사람이 서로 다른 생각을 한다면 원활한 대화가 진행될 수 없다. 말하는 사람은 듣는 사람을 보고, 듣는 사람은 말하는 사람을 보며 경청하는 자세가 중요하다.

맞장구 화법은 적절하게 대화를 이끌어 가는 분위기 조성방법으로, 상대에 대한 배려이다. 말에 대한 자신감이 부족해 보이거나 더듬거리거나 망설일 때 부분적으로 상대의 생각에 동참하는 것이 맞장구 화법의 배려이다. 상대의 입장에서 생각하고 반응함으로써 말하는 사람이 적극적으로 생각을 제시하도록 만드는 것은 상대 생각을 이끌어 내는 배려이다.

A와 B의 대립을 조정하는 방법은 두 사람의 장점을 비교하여 서로 다르게 표현하고 있는 차이점을 인식시켜, 두 가지 생각의 공통점을 이끌어 가는 배려의 리더십을 펼치는 것이다.

"A과장의 생각에 동의합니다."

"역시 B과장의 생각에도 동의합니다."

"두 분이 제시하는 내용이 내가 보기에는 같은 공통점이 있다고 봅니다."

당신의 생각에 동의한다는 긍정적 생각에서 적극적 반응이 나타나기 때문에 경청이 중요하며, 때로는 메모도 중요하다. 메모는 상대에 대한 배려이기 때문이다.

중요한 내용을 적으면서 듣는 사람에게 화자는 대충 이야기하지 못한다. 청중의 마음을 읽었기 때문에 좀 더 신중하게 필요한 이야기를 전달하게 된다. 화자와 청자의 관계는 긍정과 적극성의 차이이다. 상대를 인정하는 긍정과 참여하는 적극적 행동은 활발한 분위기를 만든다.

팽팽한 신경전은 조정자 역할로 결합시키는 방법으로, 조직생활에서 중요하다. 싸움을 붙이는 사람과 말리는 사람의 차이는 손등과 손바닥 관계이다. 손등을 부딪치면 마찰이 생기지만 손바닥이 부딪치면 박수가 된다. 맞장구는 손바닥으로 쳐야 한다.

나이 많은 상사와 젊은 신입사원 관계에서 상사의 맞장구는 자신감을 심어 준다.

"이사님 오십니다."

나이 많은 이사를 만나면 젊은 사원들은 긴장보다는 잔소리들을 생각에 고민이 생긴다.

"오늘도 잔소리를 하시겠지."

이런 사원들에게 맞장구를 쳐 주면 이미지를 바꿀 수 있다.

"어제 김 대리 좋은 생각이었어요."

지난 이야기조차도 맞장구치는 말 한마디를 해 주면, 젊은 사원들은 사기가 상승한다. 이처럼 조직원 관리는 몇 마디 말로 사기를 상승시킬 수도 있고 저하시킬 수도 있다.

"모두 수고했어요. 오 과장, 오늘 회식은 내가 쏩니다."

조직원에 대한 상사의 말과 행동 또한 일의 효율성과 생산성을 결정짓는 맞장구 화법이다. 맞장구는 대화만이 아니라 작업을 할 때 상대의 행동에 맞추어 협동하는 행동이다.

팀원이 협조하지 못하면 조직의 경쟁력도 없다. 팀원을 이끌어 가는 기술은 팀원과 공감하는 내용으로 팀원을 존중하는 노력을 보일 때, 맞장구에 의한 공감과 동참에서 일어난다.

어느 시상식장에서 벌어진 일이다. 다수의 시상자가 상을 받고 있었는데, 어느 기업 회장 시상이 진행되자 분위기가 웅성거렸다.

"야호!"

갑자기 조용했던 시상식장이 소란해지면서 사방에서 환호성과 함께 박수가 터졌다. 조용한 분위기를 화기애애한 분위기로 바꾼 것은 청중이다. 시상에 대한 청중의 맞장구가 시상식장을 신바람 나는 분위기로 바꾼 것이다.

상을 주는 사람과 받는 사람이 조용히 주고받는 식장은 시상에 대한 흥분이 없다. 같은 상을 주고받으면서 싸늘한 분위기보다 화기애애한 분위기가 주는 사람과 받는 사람 모두의 마음을 서로 이끌어 준다.

사회는 더불어 존재한다. 회사 분위기를 이끌어 가는 것은 직원 모두의 책임이고 의무이다. 맞장구치는 회사문화는 개인과 기업의 경쟁력을 창출시킨다.

"오늘도 좋은 아침!"

등교하는 아이들과 매일 주고받는 인사이지만, 아이들은 엄마의 인사말을 항상 기억하고 행동하게 된다. 좋은 아침의 인상을 이어 가기 위해 아이들의 표정은 밝고 말소리도 명랑하여, 친구관계 또한 원만해진다.

작은 인사가 하루를 즐겁게 만들고 무겁게 만든다. 상대를 이끄는 말은 작은 인사에서 시작되는 것이다. 출근하면 나누는 인사말, 업무를 주고받으면서 나누는 인사말, 지나가는 인사말이 서로에게 즐거움과 행복을 주며 상대방의 마음을 이끈다.

아하, 그렇군요! 화법

상대의 의견을 존중하고 있다는 자세를 보여 주는 마법의 단어이다. '아하, 그렇군요!'라는 말을 들을 때마다, 상대방은 점점 다음 이야기를 하고 싶어진다. 상대도 나를 존중해서 이야기를 하고 있기 때문에 들어 주기도 쉽다.

상사는 직원에게 갑의 위치이다. 갑은 을을 칭찬하는 데 인색하다. 더구나 을의 생각에 칭찬을 하거나 쉽게 동의하는 경우가 적다. 간단하게 직원을 감동시키고 적극적인 사원으로 이끌어 가는 방법으로 "아하!" 화법은 효과가 빠르게 나타난다.

"오호, 박 대리 생각이 이거였구먼? 좋았어!"

"아하!" 화법은 상대 능력의 놀라움을 표시하는 것으로, 상사의 인정이나 격찬이다.

신뢰감을 주어라

"또 부도수표냐?"

반복되는 실수나 거짓을 이야기할 때, 우리는 늑대와 소년의 이야기를 떠올린다.

양치는 소년은 늑대가 나타나면 동네에 늑대가 들어오지 못하게 소리쳐 마을 사람들을 동원하는 중요한 역할을 맡았지만, 어느 날 무심코 "늑대가 나타났다."고 소리칠 때 마을 사람들이 자신의 말을 믿고 모여드는 것이 재미있다고 판단하여 여러 번 거짓말로 외쳤다.

어느 날 마을에 정말로 늑대가 나타났을 때 소년은 소리쳤지만, 아무도 믿어 주지 않게 되었다. 평소에 믿음을 주지 못한 소년처럼 거짓말을 난발하면 "부도수표"라는 딱지가 붙게 된다. 믿음을 주지 못하는 사람은 사회에서 외면당하고, 도와주는 협력자가 없어 실패를 반복하게 된다. 이처럼 사회와 조직에서 신뢰감은 사람에 대한 평가기준이고 신용사회의 근본이다.

신뢰에 대한 평가는 다양하다. 능력(지식·업무)에 대한 신뢰, 언어에 대한 신뢰, 행동에 대한 신뢰, 신용에 대한 신뢰 등을 들 수 있다. 그리고 어떤 신뢰감을 얻는가에 따라 사회활동이나 승진의 기회가 주어진다.

조직원 간의 신뢰는 믿음을 통한 시너지 효과를 창출시켜 업무의 효율성을 높인다. 신뢰감이 형성되면 굳이 말하지 않아도 호흡이 맞는다.

　상대방의 마음을 이끄는 힘으로, 믿음과 의지가 있다. 가족은 믿음과 의지에 의한 관계이다. 자녀는 부모에 대한 믿음으로 의지한다.

　"아빠, 힘내세요."

　"엄마, 힘내세요."

　자녀가 부모에게 드리는 믿음과 의지의 표현이다.

　이러한 믿음은 작은 것에서 시작되고, 의지는 믿음에 의하여 형성된다.

　"김 대리가 맡아 준다면, 나야 편하지."

　직원에 대한 믿음이다. 내가 편할 정도로 믿음을 가지고 있으며, 한편으로는 의지하고 있음을 표현하는 말이다. 단순한 믿음과 의지하는 믿음의 차이는 크다. 팀원이 서로를 의지한다는 것은 팀 전체의 에너지가 된다.

　2002년 월드컵 당시 4강의 신화는 선수들과의 믿음과 존경, 히딩크 감독의 조직 관리능력의 결과이다. 히딩크 감독이 선수들에게 주문한 것은 신뢰와 존경에 의한 팀워크였다. 히딩크 감독은 선수들의 마음을 이끄는 힘이 강했다. 선수들은 세계적 명감독을 믿고 의지했던 결과였다.

축구에서 공격수는 수비수를 믿고 의지할 때 자신 있게 공격할 수 있고, 수비수의 공을 받아 골을 얻을 수도 있다. 골은 혼자 넣는 것이 아니라 팀이 하나로 일치되었을 때 가능하다. 팀 플레이는 믿음과 의지에서 창출된다. 부부가 서로를 믿고 의지하는 것과 같다.

"보증수표야."

사회생활에서는 '보증수표'라는 말을 들어야 성공한다. 보증수표의 실수는 상대가 이해하고 또 다른 기회를 주지만, 부도수표는 아무리 작은 실수라도 상대가 이해하거나 용납하지 않는다. 상대의 마음을 이끄는 힘은 보증수표에서 나온다.

성공은 다양한 기회를 통해 얻는 것이다. 단 한 번의 기회에서 성공하는 것은 어렵지만, 기회가 많을수록 성공확률이 높아진다. 다양한 기회를 얻기 위해 "보증수표"의 딱지를 얻는 것이 필요한 것이다.

대화는 방법이 중요하다

"도대체 뭘 말하는 거야?"

만나자마자 시작도 끝도 없는 말을 하는 사람은 엉뚱한 사람이라 할 수 있다. '동문서답'은 동쪽을 보고 말하는데 서쪽을 말하는 사람을 일컫는 말이다.

물론 서로 다른 생각을 하는 것은 당연하다. 중요한 것은 대화 내용의 주제는 같아야 하는 것이다. 대화 내용과 전혀 다른 주제의 이야기를 한다면, 결코 소통할 수 없다. 소통이 안 된다면 상대의 마음 또한 이끌어 가지 못한다.

생각하는 관점이 같아야 소통이 잘된다. 관점은 같지만 접근하고 이해하는 방법이나 순서가 다를 때, 서로 다른 방법과 순서를 맞춰 가는 것이 대화이다.

"어떻게 생각하지?"

상대의 생각을 물어보는 대화이지만, 말하는 사람의 억양에 따라서 듣는 사람의 감정이 달라진다. 따지듯이 묻거나 소리친다면 상대는 감정적으로 대답하게 된다. 이렇듯 대화 방법 중에서 소리는 중요한 작용을 한다. 상대에 따라서 소리의 크기, 리듬을 조절하여 전달하는 것은 감정적 조절이다.

"김 대리, 이게 대체 무슨 소리인지 말해 봐."

억압적이고 지시적인 상태에서 자연스런 생각이 창출될 수 없다.

"김 대리, 이 내용이 좋은데 설명을 해 주면 좋겠어요."

같은 대화라도 상대를 존중하는 대화가 필요하다. 조직 관리에서 관리자는 말하는 방법을 학습할 필요가 있다.

첫 번째 훈련은 단어의 선택이다.

어떤 단어를 사용하는가에 따라서 상대는 긴장하기도 하고 안심하기도 하기 때문에 대화는 긴장보다는 안심시키는 방법이 상대의 마음을 움직이게 만든다.

"이런 것도 제안이라고 했나?"

"이것보다 다른 생각은 없을까?"

잘못을 지적할 때도 부정적 단어를 사용하는가 혹은 긍정적 단어를 사용하는가에 따라서 상대의 마음을 움직일 수 있다. 문책하듯이 다그치면 상대는 생각을 닫아 버리게 되어 지시와 명령에도 순종하지 않게 된다. 상대를 이해하고 배려하듯이 다른 생각은 없냐는 유도적인 긍정적 대화가 상대의 생각을 이끌어 내게 된다.

두 번째 훈련은 억양조절이다.

소리 크기의 조절은 중요하다.

"김 대리—"나지막한 소리

"김 대리!"강하고 큰 짧은 소리

이 가운데 어떤 소리가 상대의 마음을 이끌까? 나지막한 소리가 상대의 마음을 이끈다. 따라서 분위기에 따라 자신의 목소리를 조절하는 훈련이 필요하다.

흥분하면 목소리가 커진다. 감정조절을 못하면 목소리가 커지는 것을 생각하지 못하기 때문에 자신의 생각을 전달하기 위해 큰소리를 내게 된다.

그렇다고 해서 지나치게 작은 목소리는 상대를 피곤하게 만든다. 너무 작은 소리에 신경을 집중하다 보면 머리가 아파지기 때문이다.

세 번째 훈련은 사례 제시이다.

분위기에 적합한 사례를 제시할 때 공감을 이끈다. 자신의 얘기를 주장하는 것보다 사례를 통해 자신의 생각을 암시하는 것이 효과적이다.

"아니, 그런 이야기를 이 자리에서 해야 하나?"

대화 분위기에 맞지 않는 사례나 상대의 감정을 자극시키는 사례는 적절한 사례가 아니다.

"눈치가 없어."

대인관계는 배려와 이해, 나눔 관계이다. 상대방의 입장에서 생각하고 행동하는 것이야말로 마음을 자극시켜 공감대를 형성하는 방법이다.

배려로 사로잡는 말

"그 사람, 말하는 예의가 없어."

일방적으로 자기 말만 하고 상대 말을 무시하고 중간에 말을 가로채 잘라 버리는 사람을 예의 없다고 한다.

"인격적인 사람이네."

기분 좋게 대화를 하면, 상대를 인격적으로 존중하게 된다. 존칭도 배려의 방법이다. 직함을 부르거나 존댓말을 사용함으로써 상대에 대한 예의와 배려를 한다.

"김 대리님."

'님'이라는 존칭은 배려의 말이다. 단순하게 "김 대리"라고 말할 때는 윗사람이 부를 때의 호칭으로, 배려보다는 직책을 부르는 방법이다.

대화는 상대적이다. 자기 생각만이 옳다고 주장하는 사람과 상대방의 이야기를 경청하고 대화하는 사람의 차이로 대화의 방향과 그 사람의 이미지 그리고 대인관계가 결정된다. 일방적인 대화는 통보이다. 지시와 명령은 더 이상 대화가 아니다. 상대의견을 듣고 존중하는 자세가 필요하다.

현대그룹 창업자 정주영 회장의 대화 방법이 그룹을 이끌었던 비결 중의 하나이다.

"어떻게 하면 되겠소?"

초등학교를 졸업하지 못했지만, 정주영 회장은 문제가 생기면 전문가의 의견을 끝까지 듣고 판단하는 습관이 있다. 필요한 정보는 기록을 했고, 자신보다 많은 지식을 가진 전문가의 이야기에 경청하는 자세를 가지고 있었기에 세계적인 현대 그룹으로 성장하게 되었다.

정주영 회장은 전문가의 이야기가 끝날 때까지 듣고 질문했다. 그리고 이해가 되지 않을 경우에는 자신의 생각에 대한 확신을 만들기 위한 질문을 했다. 상대를 존중하는 회장의 자세에 서로가 배려하는 대화를 했을 것이다.

"선생님, 이것 말고 다른 방법은 없나요?"

대인관계에서 상대를 테스트하기 위한 질문을 하는 사람들을 가끔 본다. 질문의 요지가 얼마나 알고 있는가에 대한 것이라면, 질문을 받는 사람은 불쾌해진다.

"선생님 말씀을 여기까지는 알겠는데, 이 부분이 잘 이해가 안 되는데 죄송합니다."

대화에서 배려는 상대가 이해할 수 있도록 말하는 사람이나 듣는 사람의 입장에서 말해야 한다. 정확히 알기 위한 솔직하며 구체적인 질문이라면, 관심을 가지고 들었기 때문이라고 생각하여 관심에 대한 긍정적인 답변을 하게 된다.

그렇다면 이제부터 배려의 유형에는 어떤 것이 있는가를 살펴보자. 교육생이 강사의 마음을 얻는 배려의 방법이다. 교육자와 교육생 관계에서 서로간의 배려가 교육 내용을 교류하거나 공감대를 만든다. 교감한다는 것은 이해를 통한 마음의 교류이다.

교육자에 대한 예의는 교육생의 배려이고, 교육생에 적합한 수준으로 강의를 하는 것은 교사의 배려이다. 따라서 배려는 상대적인 관계를 만든다. 생각의 차이를 좁히고 서로의 생각을 공유하도록 만들어 가는 과정에서 상대를 배려한 대화는 기회를 제공하게 된다.

의견을 존중하는 배려

자기의견과 같지 않다는 이유로 상대 의견을 무시하면 대화가
진행되지 못한다. 상대 의견을 존중하고 자신의 의견과 다른

이유를 찾아 가는 과정이 대화이다. 서로 다른 생각을 비교하
면서 차이를 좁혀 가는 과정이 배려에 의한 대화이다.

"대화로 풀어 갑시다."

"통해야 말을 하지?"

"아하, 그런 뜻이었군요."

"이해하지 못해서 죄송합니다."

같은 생각을 나누는 과정에서도 생각은 다를 수 있다. 상대
방의 입장에서 생각하면 서로의 생각을 이해하게 되므로 생각
을 구체적으로 정리할 수 있다.

수준을 고려하는 배려

대충대충 건성으로 말하는 것은 배려가 없기 때문이다. 건성으

로 말하면 상대도 건성으로 답한다. 교사가 대충대충 강의를 한다면 학생들은 대충 알고 끝나게 된다. 대화는 구체적이고 진솔하게 상대에 대한 배려를 해야 한다.

어려운 것을 쉽게 이해할 수 있도록 말하는 사람이 있고, 쉬운 것을 어렵게 말하는 사람이 있다. 대화는 쉽게 상대가 이해하도록 말하는 것이 필요하다.

"선생님, 짱이에요!"

인기 있는 교사는 학생 입장에서 설명하고 이해하는 능력이 있다.

"어떻게 어려운 것을 쉽게 말하죠?"

상대 수준에 적합하게 전달하기 때문이다. 유치원생에게 대학 수준의 말을 한다면 알아듣지 못하고, 대학생에게 유치원 수준이 말을 하면 귀를 닫아 버리게 된다. 대화는 상대에 적합한 수준에 맞게 전달하는 배려가 중요하다.

비판하지 않는 배려

"김 대리 생각은 이해하지만, 잘못 생각하고 있어."

"오 대리 말은 이런 거 아냐?"

상대방의 이야기를 비판하거나 상대 이야기를 도중에 잘라 버리는 것은 배려가 없고 상대를 무시하는 행동이다. 상대가 자신보다 부족하다고 판단하거나 부하 직원이라는 선입견이 상대를 배려하지 못하는 원인이다. 비교를 통해 비판하는 경우, 상대에게 상처를 준다. 능력을 비교하거나 생각하고 행동하는 것을 비교하는 것은 비판보다 심한 상처를 준다.

표현 부족에 대한 배려

"이런 생각이죠?"

　말을 더듬거리거나 표현하지 못하는 사람에게 생각을 물어보듯이 대화하는 것은 상대적 배려의 대화 방법이다. 심리적으로 부담이 되면, 평소와 달리 말을 더듬거리거나 갑자기 생각이 정지되는 경우가 있다. 이때 다그치듯이 물으면 더욱 더듬거리고 당황하게 된다.

　천천히 여유를 가지고 상대의 생각을 대변하면, 평상시 상태로 돌아오게 되어 다시 자연스런 대화가 진행된다.

　"이거 네가 한 짓이지?"

　엄마의 다그치는 소리에 아이는 기가 죽어 자신이 하지도 않은 것도 했다고 거짓으로 답하게 되는 경우도 표현의 부족이다. 강압적인 대화는 표현부족의 아이나 부하 직원에게 생각을 정지시키는 부작용이 있다. 배려의 대화가 중요한 이유가 이러한 것들 때문이다.

충분하게 말할 시간을 주어라.

말하는 사람에 따라서 빠른 사람과 느린 사람이 있다. 지나치게 빨라도 무슨 말인지 알 수 없지만, 너무 느리면 답답하다. 대화는 상대적이기 때문에 상대에 따라서 말하는 속도를 조절해야 하지만, 듣는 사람에게도 상대가 충분히 이야기할 수 있도록 기다리는 배려가 필요하다.

말이 느린 사람을 다그치면 말하는 것을 부담스럽게 느끼기 때문에 이는 배려가 없는 행동이다. 인내를 가지고 들어주는 자세가 말을 더듬거나 느린 사람에 대한 듣는 사람의 배려이다.

거절을 기회로 만드는 말

거래관계에서 거절은 흔히 발생한다. 끈기를 가진 사람은 거절을 상대적인 긍정으로 평가하고 접근한다. 왜 거절하는가에 대한 구체적인 분석을 통해 거절하는 원인을 해소시키는 노력으로 인하여 거절을 통한 승낙을 받는다.

일단 거절부터 하고 상대를 파악하는 경우가 많다. 거절 받는 사람의 입장에서는 자존심이 상하고 좌절을 느끼게 되지만, 반복되는 과정에서 상대의 이해를 얻기 위한 시간이 필요할 것이라는 긍정적 생각을 하면 거절은 기회가 된다.

"당연히 부담이 되시겠죠. 장기적으로 보시면 제가 제시한 것이 이익이라는 생각을 하시게 될 것입니다. 다음 기회에 다시 뵙겠습니다."

거래나 교류에서 자존심은 가장 큰 장애요인이 된다. 자존심이 상했다고 생각하거나 무시당했다고 생각한다면 거절에서 관계가 끝나지만, 상대에 대한 이해의 배려를 한다면 시간을 두고 상대를 설득하는 반전의 기회가 된다.

"선생님의 입장에서는 당연한 생각이라고 봅니다. 천천히 자료를 보시면 이해하시게 될 것이라 확신합니다."

대화는 상대적이기 때문에 일방적 주장보다는 상대방의 입장에서 거절하는 이유를 이해하는 여유가 새로운 기회를 만든다. 거래나 대화는 한 번에 교류되는 것보다 반복과정을 통해 기회를 만드는 것이다.

"다시 전화 드리겠습니다."

"이번에 새로 개발된 상품입니다."

"지난번 문제점을 이렇게 보완했습니다."

"선생님의 고견에 따라 이렇게 했습니다."

상대 의견 존중이나 지적에 대한 준비를 제시하는 것은 상대적 신뢰와 믿음을 만든다. 거절 이유를 분석하여 제시하면 신뢰와 믿음 관계가 형성된다.

2

감동 주는 언어스킬을 길러라

모든 어려움 뒤에는 인간관계에 따른 문제가 있다.

−데일 카네기

IBM의 창설자 톰 왓슨 회장의 밑에서 일하던 한 간부가 무리한 프로젝트를 진행하다 1천만 달러라는 엄청난 손해를 발생시켰다. 그 간부는 회장에게 먼저 책임을 지겠다고 말했다.

"제가 책임지고 사표를 내겠습니다."

그러자 회장은 자리에서 벌떡 일어나며 소리쳤다.

"자네, 지금 농담하는 건가?"

"아닙니다. 경솔했던 제 행동에 스스로 책임을 지겠다는 것입니다."

회장은 간부를 향해 손짓을 하며 부드럽게 말했다.

"회사는 자네 프로젝트에 1천만 달러의 교육비를 지불했네!"

"알고 있습니다. 그래서……."

"자네가 책임을 진다면 사표가 아니라 새로운 해결 방안을 제시하게."

톰 왓슨 회장은 해고라는 질책보다는 책임을 강조하며 자신 있게 일을 처리하라는 업무 추진에 대해 강조했다. 회사 간부들이 추진했던 일에 대한 실패의 책임만을 강조한다면 자신 있게 추진할 프로젝트를 제시하지 않았을 것이라는 도전성에 대한 대화였다.

"추진한 프로젝트에 문제점이 있다면 보완하기 바라네."

조직 관리에서 문책에 대한 경질보다 강한 것은 책임에 대한 권리를 부여하는 것이다. 문제점을 파악하여 보완해야 반복되는 실패를 예방할 수 있기 때문이다.

GE, 3M 등의 초일류기업의 경쟁력은 도전과 창조에 대한 기술과 상품개발로 신시장을 개척하고 신고객을 창출시키는 경영전략이다. 문책과 질책으로 조직을 관리하는 것에는 한계가 있고, 경쟁력을 창출시키는 데 오히려 방해요인이 될 뿐이다.

조직원을 감동시키는 관리자가 능력을 인정받는 시대이다. 어떻게 직원에게 안락한 분위기를 만들어 줄 것인가?

환경적인 요인보다 정신적 요인이 안락한 분위기를 만들어 준다는 경제 분석 자료가 있다. 정신적 분위기를 만들어 주는 핵심이 '언어'이다. 조직원 간 주고받는 언어가 상대의 마음을 편하게 만들고 자신감을 심어 주기 때문이다.

왓슨 회장이 간부에게 주문한 것은 강력한 메시지이다. 책임에 대한 무한성과 권한을 제시하기 때문이다. 사표는 최후의 방법이고, 가장 간단하게 문제를 봉쇄시키는 수단일 뿐이다.

무한 책임을 지시하는 왓슨 회장은 새로운 기회를 부여함으로써 사원들의 사기를 북돋아 주는 경영관리를 했다. 한 번의 실수보다 두 번 이상의 기회를 만들어 회사의 경쟁력을 키우는 것이 바로 창조경영전략이다.

상대를 감동시키는 화술은 간단하다.

화가 나면 숨을 쉬고 말하라.

한 번쯤 다시 생각하고 말하라.

"급할수록 돌아가라"는 말처럼 흥분할 때는 숨을 쉬고 난 후에 여유롭게 말하는 사람이 게임에서 이긴다.

상대를 감동시키려면 전략이 필요하다

"어떻게 이런 절박한 순간에 그런 생각을 하죠?"
어떻게 감동시킬 것인가에 대한 전략이다.

전략적 용서

용서도 전략이다. 직원의 실수를 용서한다는 것은 리더의 자질이다. 실수를 기회로 만드는 방법을 제시하는 리더는 직원을 감동시키는 방법이다.

"김 대리, 서류 작성되었나?"
"예, 여기 있습니다."
"아니, 거래처에 대한 분석이 없는데?"
"과장님께서 거래처 조사만 하라고 하셨는데요."
"내가 원한 것은 거래 명단이 아니라 분석이었네."

지시한 것만을 제시하는 직원과 지시 내용을 분석하여 상사가 무엇을 원하는지를 제시하는 직원이 있다. 상사의 지시는 항상 분석된 자료이지만, 작성자는 복잡한 분석을 하려고 하지 않는 경향이 있다. 상사는 직원의 소극적 자세를 적극적으로 바꾸기 위한 이해가 필요하다.

"이거 고 대리가 작성한 것인데, 참조하게."

구체적인 자료를 주고 작성하는 방법을 제시한다. 지적보다 감동을 시켜야 한다. 상사는 직원의 무한 능력을 요구한다. 이것은 엄마가 자녀의 무한 능력을 요구하는 것과 같다.

"이번 시험도 자신 있지?"

"너는 모든 과목을 다 잘하니까."

엄마의 부탁은 잔소리가 되고 점수에 대한 부담으로 작용하여, 심지어는 시험을 포기하는 경우가 발생할 수도 있다. 어차피 야단맞을 거라면 포기하고 편하게 야단맞는 것이 낫다고 생각하기 때문이다.

"시험이 전부는 아니니, 아는 것부터 써 봐라."

부담을 줄여 주는 것은 이해와 용서의 방법이다. 과거의 잘못을 지적하는 것보다 반복되는 실수를 예방하는 방법을 제시해 주는 것이 필요하다.

"엄마, 80점 맞았어."

기적은 이해와 용서에서 나온다. 60점 이상을 받지 못했던 자녀가 80점을 맞은 비결은 시험에 부담을 줄여 주었기 때문이다.

"엄마는 믿었지. 그런데 어떻게 풀었니?"

"엄마 말대로 아는 것부터 풀었더니, 시간이 남아서 다른 것도 풀었지."

직원의 실수를 질책하는 것보다는 무엇 때문에 실수를 했는가를 분석하여 예방하는 방법을 제시하는 것이 필요하다. 실수를 했으니 당연히 문책을 해야 한다는 것보다 실수의 원인을 분석하여 새로운 기회를 준다면, 직원은 상사를 믿고 의지하고 더욱더 분발하게 된다.

"또 다시 과장님을 실망시키면 안 되겠다."

"이번에는 이런 방법으로 해야겠다."

생각의 확산은 상사의 이해와 용서에 의한 기회 제공에서 시작된다.

"어차피 야단맞는 거라면 귀 막고 견디면 되겠지."

"안 되면 사표 쓰는 거지."

질책과 문책은 최후를 생각하게 하여 생각을 좁게 만든다. 조직 관리는 직원들의 다양한 생각을 끄집어 내어 새로운 방법으로 변화와 발전을 이끌어 경쟁력을 창출시키는 방법이다. 어떻게 자극시킬 것인가? 긍정적인 방법은 이해와 용서의 전략인 칭찬이다.

스토리화법

스토리는 상대를 이해시키고 감정을 전달하는 수단으로, 스토리로 내용을 구성한다. 요소만 지적하는 것보다 요소와 연계된 스토리를 구성하여 전달하면, 메시지를 오래 기억하게 만들 수 있다. 내용 없이 주제만 제시하면 무엇을 어떻게 해야 할지 망설이게 된다. 사건에 대한 앞부분과 전개과정을 설명하는 스토리화법이 상대를 감동시킨다.

"사고가 났어."

사고의 발단이 무엇이고 무슨 사고인지, 누가 실수했는지에 대한 내용 없이 단순하게 '사고'라고 제시한다면 관심이 없다. 이에 반해 어떤 문제로 어떻게 전개되었는지를 제시하면, 자신과 관련이 없어도 관심을 가지고 집중하게 된다.

"매상이 떨어졌네."

왜 매상이 떨어졌는지 원인을 찾아야 하는데, 결과만 문책한다면 매상을 올리는 방법을 찾지 못하게 된다. 스토리는 단순한 이야깃거리가 아니라 구체적인 내용을 전개하는 방법이다.

매상이 떨어지게 된 배경이나 원인을 찾아내는 것이 스토리화법이다. 고객의 주머니 사정인지, 상품의 하자가 있는지, 주변에 고객을 빼앗긴 사건이 있었는지 등을 스토리로 구성하여 세부적으로 의논해야 문제점을 찾아 해결할 수 있다. 이야기 속에 이야기를 만드는 구성에는 다섯 가지가 있다.

첫째, 주제(소재, 배경)

둘째, 주인공(인물구성)

셋째, 줄거리(사건, 과정)

넷째, 갈등(문제, 전개)

다섯째, 결과(마무리)

"매장에서 발생한 원인은 전시 공간 배열이었어."

"신입사원이 모르고 배열의 순위를 무시한 것이지."

"그래서 매대 관리는 신입사원에게 맡기는 것이 아니야."

"불량품의 원인을 찾아?"

"A라인 담당이 실수를 한 거래."

"이래서 학교에서 배운 대로만 하면 안 되고 현장에 맞춰야 한다니까."

스토리화법은 구체적으로 '발단 → 전개 → 결과'를 제시하여 상대를 이해시키거나 감동시키는 방법으로, 주제(소재)와 인물, 사건과 전개의 포인트를 제시해야 한다.

"알아서 하라니까?"

무조건 지시하고 명령하는 것은 올바른 관리가 아니다. 구체적으로 무엇을 어떻게 하라는 내용과 방법을 제시해야 실질적인 효과와 결과를 얻을 수 있다.

"이 부분을 이렇게 하면 어떻게 될까?"

스토리화법은 무조건 하라는 것보다 이야기 방식의 구체적인 대화로 해결점을 찾아가며 상대가 생각할 수 있도록 유도하는 방법이다.

"어떻게 된 일이지?"

사건의 발단부터 이야기를 하며 어떻게 전개되어 이런 상황이 발생했는가에 대한 구체적인 내용을 파악할 때, 이야기식으로 대화를 하면 상대는 부담 없이 상황의 발단에서 부터 기억을 더듬어 설명하게 된다.

"바쁘니까 결론만 말해!"

다그치는 방식은 대화가 아니다. 이제 명령이나 지시로 조직을 관리하던 시대는 지났다. 서로의 입장을 풀어 가면서 이익을 창출하는 시대에서는 이야기식 대화가 좋은 효과를 얻는다.

3

자신감을 주는 말의 힘을 키워라

자신감은 위대한 과업의 첫째 요건이다.

−사무엘 존슨

자신감은 도전하고 개척하고 창조하게 만든다. 조직 관리의 창의적 리더십은 소속감을 주고 자신감을 주는 것이다.

상사가 당신에게 다음과 같은 말을 한다면 어떤 기분이겠는가?

"자네는 우리 회사의 보배이네."

"자네가 우리 부서의 얼굴인 거 알지?"

"자네가 없다면 우리 팀은 전멸이네."

말 한마디가 조직원에게 에너지가 된다. 상대로부터, 그것도 상사로부터 신뢰를 얻는 것은 사회생활의 활력소이고 미래에 대한 희망이다. 자신의 존재감을 심어 주는 말이 직원들의 사기를 올리고 업무능력을 자극하는 것은 누군가로부터 인정받고 있다는 자존감이기 때문이다. 자존감은 자신의 존재성을 인정받기 때문에 자신감으로 나타난다.

"당신을 믿습니다."

상대로부터 인정받는 것은 자신의 존재감을 인정받는 것이다.

옆에 있으나 마나 모두가 관심을 주지 않는다면, 살아 있다는 느낌을 갖지 못한다.

"내가 할 수 있을까?"

주어진 업무를 해결할 능력이 있을까에 대한 반문을 한두 번쯤은 누구나 경험해 보았을 것이다. 실수를 용서하지 않는 사회에서 기회는 성공과 실패를 가늠하는 잣대가 되고 있다. 지나가듯이 말하는 한마디가 영원히 뇌에 기억되어 반응하게 만드는 경우가 있다.

"김 대리는 못하는 게 없어."

"만능가제트야."

칭찬은 칭찬을 만든다. 칭찬받은 사람은 다른 사람을 칭찬하게 만들어 조직 분위기를 활기차게 만든다. 칭찬하는 사람이나 받는 사람 모두의 표정은 밝다. 마치 흐린 날씨에는 기분이 우울하지만, 맑은 날씨에는 기분이 좋은 것과 같다.

잠재적 문제를 해결하는 칭찬의 힘

아침에 출근하면서 아들을 칭찬했다.

"엄마는 아들을 믿어, 우리 아들 최고야!"

퇴근하는 엄마에게 아들이 내민 종이는 90점짜리 시험지였다.

"엄마, 오늘은 시험문제가 잘 보였어요."

90점짜리 점수를 본 기억조차 없는데 아침에 무심코 던진 말 한마디에 아들이 보답한 것은 90점짜리 시험지였다. 다른 과목은 상위권인데 수학문제 푸는 것을 싫어하기 때문에 중간 점수였는데, 아침의 칭찬 한마디가 아들에게 자신감을 주었던 것이다.

"아들, 문제가 쉬웠니?"

너무도 뜻밖의 일이라 나도 모르게 이런 질문을 하고 말았다. 그런데도 아들은 웃으며 시험지를 식탁 위에 올려놓았다.

"다른 때와 같은 문제인데, 오늘은 숫자가 잘 보였어요."

밤새워 아들의 대답을 반복해 생각했다. 칭찬으로 자신감을 얻은 아들의 기분이 숫자 거부감을 느끼지 못하게 만들었다는 생각을 했다. 숫자에 대한 무의식적 거부감이 아들의 수학공부를 방해한 요인이었던 것이다.

몇 개월 전, 다른 일은 모두 잘하는데 재고 파악을 하라면 엉터리로 작성하는 직원 문제로 골치가 아팠던 일이 생각났다. 전문 상담사의 보고서에 따르면, 수치에 대한 거부감을 가지고 있기 때문이라는 것이었다. 재고 파악에서 항상 문제가 되었던 직원은 상담사와 여러 차례 상담하면서 수치에 대한 문제를 해결했던 일이 아들의 칭찬과 비슷한 원리라는 것을 깨달았다.

아들과 그 직원 모두 수치에 대한 거부감을 갖고 있었지만, 칭찬이 수치에 대한 선입관을 잊게 만들고 자신감을 주었던 것이다. 직원에게 아들에게 했던 방법을 사용했더니, 수치에 대한 자신감을 가지게 되었다.

자신이 속한 가정과 조직에 대한 소속감을 심어 주는 칭찬이 잠재적 문제까지도 해결하는 방법이 된다. 누구나 '나는 누구인가? 나의 가치는 얼마일까?'에 대해 한두 번은 생각한다. 이에 대한 답을 찾아 자신의 가치관과 존재성을 알게 되면 도전과 창조로 이어진다.

"자네가 없으면 안 돼."

주변의 말은 존재감이고 소속감이다. 이처럼 물건의 가치를 평가하듯이 사람의 가치도 평가받는다. 가족에서 아들의 가치를 인정해 주는 평범한 말이나 조직에서 가치를 인정해 주는 말은 마치 마술과 같이 상대에게 자신감으로 나타난다.

"너는 필요한 사람이야."라는 직접적인 말보다는 "아무나 이런 생각을 하지 못하지. 오 대리니까 생각한 거야."라는 간접적인 말이 상대에게 믿음과 신뢰감을 준다. 직접적인 말은 지나치듯이 형식적인 말처럼 전달되지만, 간접적인 말은 비유를 통해서 전달되기 때문에 진실성이 높아진다.

"아들아. 엄만 네가 내 아들이라 자랑스럽단다. 엄마는 늘 너를 믿어."

아들에게 칭찬했던 말은 가족에 대한 소속감이었지만, 아들은 자신의 가치를 인정해 주는 부모에 대해 자신감을 얻었던 것이다.

괜찮아 화법

"괜찮아! 괜찮아!"

2002년 월드컵 경기를 승리로 이끈 힘에는 붉은악마 응원단이 있다. 한동안 한국은 12명의 선수가 축구를 한다고 외국인들은 말했다. 필드에 11명의 선수밖에 뛸 수 없는데, 왜 한국에 대해서는 12명의 선수라고 했을까?

　그들이 말한 12번째 선수가 바로 '응원단'이다. 경기는 선수의 능력과 응원단의 에너지가 합쳐진 작품이라고 한다. 힘이 빠질 때 힘을 주는 응원단의 역할은 중요하다. 경기를 어디서 하는가를 중요하게 판단하는 이유가 자국 경기장에서 응원단의 힘을 얻기 위함이다.

　2014 브라질 월드컵 때의 일이다. 대한민국과 알제리 2차전, 서울 광화문광장에서 붉은악마와 시민들이 대한민국의 석패에 아쉬워하며 "괜찮아!"라고 선수들을 격려했다. 게임에서 진 선수를 격려하는 이유는 최선을 다해서 뛰었기 때문이다.

　응원단이 "괜찮아!"라고 격려를 해 준 이유는 다음 기회가 있기 때문이다. 이번에는 패했지만 다음에 이기면 된다는 격려이자 기회를 주는 단어이다.

　아이가 컵을 깨뜨렸을 때, 아이는 긴장하고 주변을 살핀다.

"괜찮아? 어디 다치지 않았니?"

부모의 한마디에 아이는 긴장을 풀고 생각하게 된다. '왜 떨어졌지?'

"다음부터는 이렇게 잡으면 되는 거야."

방법을 알려 주면 다시는 아이가 컵을 떨어트리는 일이 없다.

"그러기에 그 컵을 만지지 말라고 했잖아!"

이렇게 말하면 아이는 다음부터 다시는 컵을 잡지 않는다. 아이의 생각과 행동을 정지시키게 되어 비슷한 경우에도 아이는 방어를 하거나 회피하는 소극적인 아이가 된다.

이처럼 같은 행동에 대해서도 어떻게 말을 하는가에 따라서 성장하는 아이의 성격과 행동이 형성된다.

비판적 언어는 긴장이나 초조감을 주어 행동을 억제시키지만, 비유적 언어는 실수에 대한 미안함이나 잘못된 행동이나 습관을 생각하게 만들어 조심성을 심어 주고 행동하기 전에 생각을 하는 습관을 심어 준다.

"점수가 떨어졌다고?"

시험 때가 되면 아이들은 긴장한다. 점수로 평가하는 부모의 눈치를 보며 성장한 아이는 사회생활에서도 점수에 대한 강박감을 가지고 있어, 누가 시키지 않는 이상 먼저 도전하지 않는 습관을 가지고 있다. 상대가 먼저 하는 행동을 보고 따라 하기 때문에 상사로부터 인정받기 어렵다. 점수 평가가 성장 이후 사회생활에 막대한 장애요인이 되는 것이다.

"괜찮아, 다음에는 점수가 오를 거야."

어차피 받아오는 점수에 대해 야단치는 것보다 관대하게 기회를 제시하는 부모가 아이들을 활달하게 성장시킨다. 아이의 모든 문제를 점수로 평가하면, 아이는 항상 눈치를 보는 습관을 가지게 된다. 부모의 말 한마디가 아이의 행동을 억제시킬 수도 있고, 자유로운 행동을 하도록 촉진제가 되어 주기도 한다.

'괜찮아'는 기회를 주는 말이다. 이처럼 철저히 준비하면 언제든지 도전할 수 있다는 자신감을 주는 말이 필요하다. 평상시에 자신감을 가지라고 하는 것보다는 실수를 했을 때 다음 기회를 준비하자는 말이 자신감을 심어 준다. 실패의 경험은 무엇 때문에 실패했는가에 대한 원인을 파악하여 대비하도록 만들기 때문이다.

"그러니까 차근차근 하라고 했잖아?"

알면서도 실수로 틀린 문제로 고민하는 아이에게 강압적인 말은 상처가 된다.

"틀린 이유를 알고 있으니, 다음에는 조금 더 차근히 하면 된다."

학습효과는 칭찬에서 나온다. 실수로 틀린 문제를 집요하게 추궁하는 것보다 실수에 대한 이해를 이끌어 가는 말이 자신감을 심어 준다.

자신감을 죽이는 말

이것밖에 못해?

이것도 한 거야?

네가 한다는 것이 고작 그렇지.

무심코 하는 말에 사기가 꺾이고 의욕감을 상실하는 경우가 많다.

신입사원이 밤을 설치며 작성해 온 서류를 받은 과장이 쓴웃음을 지었다.

"명문대 석사 출신이 작성한 것이 맞나?"

사회 초년생들이 겪는 일들이지만, 서류로 부하직원 길들이기를 하려는 상사들이 많다. 지나가듯 던지는 한마디가 평생 동안 가슴의 상처가 되는 경우도 종종 있다.

"내가 상사가 되면 절대 이런 말을 하지 않아야겠다."

그런데 그가 상사가 된 이후, 더 심한 말을 하는 경우도 있다. 심리적으로 반격하는 것이다.

점화 효과로 자신감을 심는다

점화 효과(Priming Effect)의 원리를 이용하면 좋다. 사람의 기억 속에는 수많은 개념과 정보가 존재하는데, 이러한 개념과 정보들은 무질서하게 존재하는 것이 아니라 하나의 네트워크로 연결되어 있다. 이렇게 연결되어 있는 네트워크의 한 정보가 자극을 받아 활동을 시작하면, 관련 정보가 함께 떠오른다. 그러니까 먼저 제시되는 자극에 따라 뒤에 제시되는 자극의 처리가 영향을 받을 수 있다.

TV에 애완견을 키우는 사람들에 대한 부정적인 보도가 나왔다. 길거리에서 산책을 하면서 배설물을 깔끔하게 처리하지 않는다는 보도였다. 곧이어 당신은 산책에 나섰고, 애완견을 데리고 있는 사람과 마주친다. 당신은 저 사람도 배설물을 제대로 처리하지 않으리라고 의심을 하고 차가운 눈길을 보내게 된다.

반대로, 애완견을 키우는 것은 아이들의 정서 발달에 매우 긍정적 작용을 한다는 뉴스를 접하였다. 이 경우 당신은 산책길에 마주친 애완견과 주인에게 따뜻한 눈길을 주게 된다.

이렇듯 사람들이 어떤 생각으로 점화되면, 그에 연결된 생각들을 떠올리게 된다. 그리고 후에 접하는 동일한 자극에 대한 생각이나 행동이 영향을 받는 것이다. 이렇게 점화 효과는 얼핏 보기에 연관성이 없는 자극처럼 보이지만, 그 자극으로 전해지는 생각이나 행동이 영향을 받는 것을 말한다.

예를 들어 A와 B, 두 집단의 사람들에게 어떤 사람의 의미 없는 애매한 행동을 보여 주고 그 행동을 해석하도록 한다. 이때 A 집단은 먼저 부정적인 단어들을 몇 초 동안 보게 한 다음 행동을 해석하게 하고, B 집단은 먼저 중립적인 단어들을 몇 초 동안 보게 한 다음 행동을 해석하도록 한다. 그 결과, A 집단 사람들이 B 집단의 사람들보다 부정적으로 해석하는 것으로 나타났다. 그러니까 A 집단 사람들은 부정적인 생각으로 점화된 다음에 주어진 행동을 해석하기 때문에 좀 더 부정적으로 그 행동을 해석하는 것이다.

여기서 중요한 것은 우리가 의식하지 못하는 상태에서 점화 효과가 발생할 수 있다는 점이다. 다음 실험을 보자. A 집단의 사람들에게 노인과 연관되는 단어들(예: 기억력 감퇴, 주름살, 골다공증)을 아무런 설명없이 잠시 보게 하고, B 집단은 중립적인 단어들(예: 젊음, 활동적인, 에너지있는)을 보게 했다. 이런 간단한 실험 결과, A집단의 사람들이 노인처럼 더 천천히 걷는 것으로 나타났다.

점화 효과에서 또 하나의 중요한 점은 점화된 자극과 별로 관계가 없는 반응을 끌어낼 수 있다는 것이다. TV를 보고 있는데 라면 광고가 나온다면, 이는 먹고 싶다는 반응을 점화해 라면이 아닌 감자 칩을 먹는 행동으로 연결될 수 있다. 라면 광고가 반드시 라면을 찾게 하는 것은 아니라는 것이다.

이 점화 효과를 어떻게 활용해야 할까? 생일 선물로 반지를 받고 싶은데 매일 같이 반지 타령을 하면, 상대방은 반지를 선물하고 싶은 마음이 사라진다. 청개구리 반응이다. 반지를 선물해서 주인공이 감동하는 장면이 등장하는 영화가 있다면, 그

영화를 함께 보되 반지 코너를 지나도록 동선을 짜자. 이때도 "저 반지 예쁘다." 정도의 감탄사 한마디로 끝나는 것이 좋다. 영화나 보석 코너가 하나의 점화 단어 역할을 해 반지를 사달라고 말하지 않아도 상대방으로부터 반지를 사 주고 싶은 마음이 들게 하는 것이다.

가정의 일상사에서 관찰할 수 있는 점화 효과를, 회사 생활에도 적용할 수 있을까? 당신의 부서 팀장이 팀원들의 연간 근무 성적을 평가한다고 하자. 좋은 성적을 받기 위해서는 그동안 어떻게 해왔는지가 가장 중요하겠지만, 현재 팀장의 마음 상태도 중요하다.

팀원들은 팀장이 긍정적인 마음을 갖도록 긍정적 점화 자극을 제공해야 한다. 평가와 관련한 자극을 제공하면, 자칫 팀장의 청개구리 마음을 자극할 수 있다. 직접적인 연관성이 없어 보이면서도 긍정적인 마음을 갖도록 할 수 있는 자극이 필요하다. 이를테면 팀원에게 유리할 수 있는 인터넷 정보, 잡지 기사, 조크 등을 적절한 때에 제공함으로써 팀장이 팀원에게 좋은 인상을 느끼도록 하는 것이다.

아이, 어른 할 것 없이 사람들은 누구나 청개구리 성향을 가지고 있다. 상대로부터 원하는 행동을 끌어내거나 선물을 받고 싶다면 분위기를 조성하라. 상대방에게 점화 효과를 불러올 수 있는 간접 자극을 이용해 원하는 행동을 유도하는 것이 효과적이다. 상대방의 청개구리 본성을 피하고 점화 효과를 잘 이용할 수 있다면, 상대방으로부터 호감을 사는 일이 그렇게 어렵지는 않을 것이다.

무심코 던진 말의 힘

"난 기억이 없는데……."

　가까운 친구관계에도 예의가 있다. 상대에게 상처를 주는 말은 가까울수록 조심해야 하는 경우는 누구나 겪는 경험이다. 무심코 던진 한마디가 상처가 되어 이별하는 경우도 있다. 반대로 무심히 던진 말이 동기를 주는 경우도 많다.

　심심해서 발로 걷어찬 돌이나 던진 돌에 개구리가 맞는다면 죽을 수도 있다. 흔히 지나쳐 버리는 말이지만, 무심코 하는 말이 상처를 준다.

　"도대체 자네는 뭐하는 사람인가?"

　상사로부터 지적받는 말 중에 가장 큰 상처는 존재감에 대한 평가이다.

　일을 잘한다는 것보다 중요한 것은 상사나 조직으로부터 인정을 받는 것이다. 이 글을 읽는 지금이라도 이렇게 말해 보자.

　"역시 자네에게 부탁하면 마음이 놓이네."

4

자연스러운 거절 화법을 익혀라

명심하라. 거절하면서 이유를 둘러대면
훗날 또 다른 부탁의 빌미가 된다. —아서 헬프스

사회생활에서 거절은 어려운 문제이다. 오랜 관계일수록 거절
하기 어렵고, 한 번의 결단이 생활을 파괴시키는 원인이 되는
경우도 흔하다. 상대방과의 관계를 이어 가면서 자연스럽게 거
절하는 기술이 필요하다. 친구·이웃·동료·형제·친인척 등
의 관계에서 가끔은 거절하기 어려운 부탁을 받게 될 때, 자연

스럽게 거절하는 방법이 필요하다.

어느 날 친구가 보험사원이 되어 만났다. 남편의 사업 실패로 한동안 보이지 않았던 친구가 연락이 와서 맛있게 식사를 했다.

"그래, 요즈음 무얼 하니?"

친구는 머뭇거리더니 가방에서 서류 하나를 내밀었다.

"사실은 남편 사업 실패하고 너무 힘들어서 자살까지 생각했어."

친구의 표정이 무거워졌다.

"너도 알지만, 아이들이 생각나서 차마 자살은 못하겠더라고……. 가진 것도 없고 해서 선택한 것이 보험이야. 사실 그동안 적지 않은 사람들이 내 도움도 받았으니까 도와줄 것이라 생각해."

친구가 내민 것은 보험증권 서류였다. 난감했지만 무조건 거절할 수는 없는 입장이었다.

남편의 얼굴이 떠올랐다.

"당신, 한 달에 보험료 나가는 게 얼마인 줄 알아?"

"그럼 어떡해. 후배가 힘들다고 들어달라고 하는데……."

어제도 남편과 보험료 때문에 다투었는데, 어떻게 거절해야 할까 망설였다. 그때 전화가 걸려 왔다. 평소에는 잘 받지 않는 전화였다.

"응, 임 연구원. 곧 들어갈게."

급하게 호출하는 직원의 전화를 핑계로 친구와 헤어졌다.

"미안해. 사무실에 누가 찾아왔다는데, 어쩌지?"

"어쩔 수 없지, 뭐."

자연스럽게 친구의 보험계약을 뒤로 미루고 빠져나왔다. 매번 친구나 선배, 친척들이 보험으로 찾아와 거절 못하는 자신이 원망스러웠는데, 직원의 전화로 인해 계약을 하지 않은 것이 신기했다.

'자연스런 거절 방법이 바로 이런 거였구나!'

그 후로 보험사건으로 남편과 다투는 일이 없어졌다. 사건은 사건으로 해결한다.

자연스럽다는 것은 일상생활의 흐름을 말한다. 부자연스럽다는 것은 평소에 하지 않았던 말이나 행동을 하기 때문이다. 직원의 전화를 핑계로 계약을 하지 않았던 것처럼, 정당한 이유가 있다면 원하지 않는 계약을 피할 수 있다.

"동생이 보험을 하고 있네."

"친척이 대리점을 하고 있네."

정당한 이유로 거절하는 방법이 원만한 대인관계를 이끌어가는 비결이 된다.

자연스럽게 거절하는 화법

[함께 식사하는 것이 거북스러울 때]

"여기 오기 전에 바로 식사를 해서요. 죄송합니다."

상대가 식사하는 습관이 거북스럽거나 지저분하게 식사하는 것을 피하고 싶을 때는 먼저 식사를 했다는 이유로 피할 수 있다.

[함께 차를 타기가 거북스러울 때]

"먼저 가시죠. 제가 들러서 갈 때가 있어서요."

다른 곳을 들러서 간다는 이유로 다른 차를 타고 갈 수 있다. 좁은 공간에 함께 타야 할 경우, 남자이거나 상사일 때 함께 타는 것을 피하는 방법이다. 끼어서 타야 하는 불편함을 피하고, 편한 사이가 아닐 때 몸이 부딪히는 것을 피하는 방법이다.

[함께 자리에 앉기 거북할 때]

"화장실 좀 다녀오겠습니다."

화장실 다녀오는 사이에 다른 사람이 그 자리에 앉게 되기 때문에 피할 수 있다. 식당에서 자리를 배정할 때는 으레 들어오는 순서에 따라 자리에 앉게 된다. 서로 불편한 관계이거나 담배를 심하게 피우는 경우, 서로 떨어져 앉는 방법이다. 상사가 자리를 강제로 앉으려 할 때 임기응변으로 자리를 피하는 방법으로 적합하다.

"제가 코골이가 심해요."

"걸음걸이가 늦으니 먼저 가세요."

야유회 등으로 여행을 간다면, 동반자의 자리 위치가 신경이 쓰인다. 평소 관계가 안 좋은 사이라면 서로가 피하는 것이 좋다.

기분 좋게 거절하는 화법

대인관계에서 상대방의 이해를 위해 설득하는 경우와, 때로는 거절해야 하는 경우가 발생한다. 친한 관계이거나 동료 등의 조직 관계에서는 거절하기가 어렵다. 이럴 때 자신의 입장을 제시하면서 빠른 결정을 내려야 한다.

단호하게 'NO'라고 한다

상대가 오해하지 않도록 여운을 주어서는 안 된다. 사실대로 자신의 입장을 전달하면서 확실하게 거절을 해야 오해가 발생하지 않는다. "내가 형편이 어렵네." 순간의 어려움이 추후 발생할 사건을 예방할 수 있게 된다. "천천히 생각해 보지."라는 애매한 표현은 상대에게 기다림을 주기 때문에 추후 더 큰 실망을 안겨 주게 된다.

친한 관계에서 거절은 관계가 끊어질지도 모른다는 생각 때문에 생긴다. 주변에서 하는 많은 부탁 중에서는 보험이나 자동차나 가전제품 등의 다양한 상품 구입, 보증 관계 등이다. 자신의 입장에서 거절할 수밖에 없음을 분명하게 말하면서 설명하는 지혜가 필요하다.

유머스런 거절 방법

상대를 높여 주는 거절

세계적 극작가 아서 밀러가 여배우 마릴린 먼로로부터 프러포즈를 받았을 때의 일이다.

"선생님의 뛰어난 머리와 저의 아름다운 육체가 결합한다면 가장 이상적인 아이가 태어나지 않을까요?"

최고의 배우로부터 프러포즈를 받는다면 무조건 승낙하겠지만, 아서 밀러의 생각은 달랐다. 아서 밀러는 자연스럽게 대답했다.

"혹시 나의 보잘 것 없는 외모를 닮은 아이가 나온다면, 당신은 얼마나 실망스러울지 생각해 보지 않으셨습니까?"

자연스런 거절은 상대를 인정하면서 자신을 낮추는 방법이다. 마릴린 먼로의 미모를 인정하면서 자신의 외모를 낮춰 우회적으로 프러포즈를 거절한 것이다. 먼로의 자존심을 세워 주면서 오히려 자신을 낮추는 자세는 인격적인 대화 방법이다.

일상생활에서 부탁은 늘 발생한다. 부탁을 거절당하면 섭섭하지만, 거절당할 부탁을 하는 사람들도 있다. 상대가 거절할 줄 알면서 부탁을 하는 사람들을 보면 답답하다.

"오죽하면 이런 말을 하겠습니까?"

부탁하는 입장에서는 어쩔 수 없다는 입장이지만, 부탁받는 사람의 입장에서는 거절할 수밖에 없는 경우가 있다.

"죄송하지만, 저도 시간이 없네요."

거절할 때는 왜 거절해야 하는가에 대한 당위성을 설명하여 이해를 받는다. 이해를 얻는 방법으로 유머러스한 대화가 필요하다. 서로에게 부담을 주지 않으면서 서로 이해할 수 있는 소재를 유머감각으로 거절한다.

"이걸 어쩌지요? 어제 남편이 그것을 사 왔네요."

"하루만 빨랐어도 됐는데요."

공짜 거절

기부문화는 선진국가의 활동력이 될 만큼 많은 분야에서 기부활동이 벌어지고 있다. 이러한 기부활동을 이용하는 계층도 있다. 기부와 공짜는 다르다. 기부는 보람을 가지고 활동하는 것으로, 이를 공짜로 이용하는 잘못된 계층으로 기부자의 마음을 아프게 한다.

기부 명단을 보고 전화가 왔다.

"○○○ 교수님이시죠?"

"예, 맞습니다."

"여기 ○○ 초등학교인데요."

"예."

"기부강의를 해 주신다고 해서요."

"그렇습니다. 언제이시죠?"

"다음 달부터 학기 단위로 진행하는데, 가능하세요?"

"한 학기라면 6개월 동안을 말씀하시나요?"

"예, 6개월이나 일 년 동안 실시하는데요."

"어쩌죠? 저도 먹고 살아야 하는데……. 기부는 특강만 합니다."

일 년 동안 공짜로 강의를 기부해 달라는 전화를 자연스럽게 거절했다. 기부 행위를 거절하지 못하게 만드는 상황을 빠져나오는 방법도 알아야 한다.

Yes-No 거절 화법

나는 웬만하면 'Yes'라고 답한다. 'No'라고 답할 때 상대에게 미안해서이다. 그런데 'Yes'라고 답할 수 없을 때가 있다. 지나친 요구를 한다거나 감당할 수 없는 부담을 줄 때는 'No'라고 말할 수밖에 없어 고민하게 된다.

이런 경우에 자연스럽게 거절하기 위해 삼자를 선택하는 경우가 있다. 해결사로 선택하는 것이다. 가장 믿을 수 있는 사람을 선택하여 거절하는 방법으로, 다음 사례와 같이 때로는 주변에서 눈치를 채고 도와주는 경우도 발생한다.

평소에 아무런 관심도 없는 동료로부터 고백을 받았다. 내성적이고 소극적인 동료의 고백에 당황했다. 작은 말 한마디로 고민하던 모습이 떠올랐기 때문이다. '혹시라도 상처를 주면 어떨까?' 고백을 받은 내가 당황했다.

가끔씩 TV에 보도되는 사건이 떠올랐다. 한순간의 착각으로 범죄가 발생하는 무시무시한 사건이 생각난 것이다. 어떻게 동료의 마음을 달래 줄 것인가? 한참을 고민하면서 'No'라는 단어를 쓰면 안 된다는 생각에 'Yes'를 선택하기로 했다. 문제는 그 다음에 어떤 상황이 발생할 것인가에 대한 고민이었다. 이

순간, 나의 모습을 보고 있던 다른 동료가 끼어들었다.

"박 대리, 지난번에 선봤다고 했지?"

동료의 엉뚱한 말에 더욱 황당했지만, 얼떨결에 답했다.

"네, 어떻게 아셨어요?"

"지난번 전화하는 걸 우연히 들었어. 잘되어 가지?"

이때다 싶어 당연히 진행되고 있다는 모습을 동료에게 보여주어야 겠다고 생각했다.

"네, 부모님이 주선해 주신 자리라서 계속 만나고 있어요."

동료의 고백에 'Yes'도 'No'도 답하기 어려운 상황에서 자연스럽게 분위기가 바뀌었다. 당시에 Yes든 No든 어떤 대답도 동료에게 상처가 될 수 있었지만, 눈치 빠른 다른 동료 덕분에 위기를 피할 수 있었다.

이처럼 복잡하게 살아가는 사회구조가 때로는 도움이 되는 경우가 있다. 사례처럼 서로의 입장을 파악하고 위기를 도와주는 경우가 종종 있다. 어쩌면 삼각관계가 복잡하기는 해도 문제를 해결하는 방안이 되기도 한다.

이런 상황에서는 감정을 표시하면 안 된다.

"후, 밥맛이야."

"당신은 내가 딱 싫어하는 스타일이거든."

상대의 감정을 자극하는 거절은 순간적인 실수로 이어질 수 있기 때문에 상대의 감정을 다스리는 거절방법을 선택해야 한다.

60대 노인이 70대 할머니를 살해한 사건이 있었다. 술을 먹다 보니 평소에는 누님으로 모셨던 관계가 갑자기 변해서 여자 관계로 급진전하자, 70대 할머니가 60대 남자의 뺨을 때렸다.

"정신 차려!"

이에 감정이 극한 남자는 할머니의 목을 졸라 사망하게 만들었다. 순간의 감정으로 자신의 행동을 다스리지 못한 실수였다.

세 사람의 회식자리에 동반했던 친구가 갑자기 전화를 받고 나갔다. 술 마시던 상사의 행동이 위기감을 주기 시작했다. 순간적 위기를 모면해야겠다는 생각이 들었다.

"저 죄송한데요. 화장실이 급해서요."

자리에 일어나 가방을 들자 과장이 붙잡았다.

"가방에 화장품이 있어서요. 화장 좀 고치고 올게요."

자연스럽게 가방을 들고 위기에서 빠져 나왔다.

술에 취해 감정이 행동을 자제하지 못할 위험이 있을 때, 상대의 감정을 자극하지 않고 자연스럽게 위기를 빠져나가는 방법은 침착한 행동의 거절이다.

No를 위한 Yes 화법

1:1:1의 관계가 Yes- No 거절의 해결사가 된다. 1:1 상황에서

는 대립하지만, 1:1:1의 삼각관계는 대립관계를 해결하는 관계가 된다.

따라서 누구를 만나든지 친구를 데리고 가는 것이 좋다. 친구가 만일의 경우에 해결방법이 되기 때문이다.

남자는 1:1의 만남을 원한다.

"마침 친구가 이쪽 방향에 오기에 함께 왔어요. 괜찮으시죠?"

만남과 동시에 먼저 양해를 구하면 상대는 'NO'라고 대답하지 못한다.

"혼자 오시는 줄 알았는데, 반갑습니다."

자연스럽게 1:1의 부담감을 줄이는 방법이다. 상대가 NO를 하지 못하게 만들어 Yes를 이끌어 가는 방법으로, 먼저 문제를 제시하고 답을 이끌어 가는 화술이다.

Yes의 희망을 주지 마라

Yes는 긍정의 분위기를 이끌어 가는 언어이면서 미래에 대한 희망을 주게 된다. 분명한 대답을 하지 않으면 상대는 기대를 하게 되고, 기대하다 무너지면 실망을 하게 된다.

"이번에는 미안합니다."

이는 마치 다음에는 허락한다는 의미와 같아서 상대방은 기대를 하게 된다. "다음 기회"라는 의미를 지나치게 강조하면, 다음에 또 다시 거절하기 어려울 수 있다. 임시로 피해 가는 경우라면 "다음 기회"라는 화술로 거절을 하면 된다. 가까운 관계에서 "다음 기회"라는 의미는 깊어지는 관계가 될 수 있다. 그러나 분명히 NO를 전달해야 할 관계라면, Yes의 희망을 주지 말아야 한다.

"저와는 다른 생각이네요."

"저에게 맞지 않네요."

일방적인 'No'가 아니라 구체적인 이유를 제시하고 'No'라고 답하는 것이다. 확실한 답을 주지 않으면 구애와 부탁이 반복되기 때문에 대충 말하지 말고 정확하게 이유를 제시하고 거절하는 습관이 필요하다.

"뭐야? 된다는 거야, 안 된다는 거야?"

사회생활에서 분명하지 않은 태도는 상대를 불쾌하게 만든다.

"저 사람은 분명한 사람이야."

자신의 생각을 정확하게 말할 때, 신뢰성과 믿음을 준다.

다음은 사무실에서 많이 들리는 대화 중의 하나이다.

"오 대리, 내가 말했던 건 하나도 없잖아?"

열심히 작성한 보고서를 던지며 최 과장이 소리쳤다.

"저, 과장님이 다른 말씀을 하지 않으셨어요."

"이봐, 하나에서 열까지 다 말해야 알아듣나?"

두 사람의 관계에서 지시하는 사람이나 직원 모두에게 문제점이 있다. 상사에게는 정확하게 무엇을 어떻게 작성하라는 구체적인 지시가 필요했고, 직원은 지시내용을 모르면 정확하게 작성할 것을 질문해야 했다.

알아서 할 것이라는 것은 믿음이 아니라 강요이다.

"몇 년을 하는데, 꼭 집어 말해야 알아듣나?"

"만년 대리밖에 할 수 없어."

험담하는 동료를 거절하라

만나면 상대를 험담하는 사람이 있다. 문제는 이런 동료들과 어울리면 상처를 받는 것은 옆에 있는 사람이라는 점이다. 험담을 잘하는 사람은 피해 가는 방법에도 용의주도하기 때문이다.

험담꾼들은 험담하고 있는 사이에 윗사람이나 대상자가 나타나면 어느 사이 아부성 칭찬으로 바꾸어 말을 한다.

"자네, 지금 뭐라고 했나?"

"아니, 제가 아니고 구 대리가……."

어느 사이 구 대리의 모습은 보이지 않는다.

옛말에 "오이 밭에 가서는 갓 끈도 매지 말라."고 했다. 오이 서리한 사람은 재빠르게 도망하고 애매하게 지나가던 사람이 서리꾼으로 오해를 받는다는 말처럼, 험담했던 구 대리는 당사자가 나타나자 재빠르게 모습을 감추었기 때문에 소리 듣고 찾아온 상사에게 찍히는 것이다.

담임선생님이 교실에 들어오기 전에 선생님을 그려 놓고 맞추기 놀이를 하다가 그림 그린 친구는 어느 사이 책상에 앉아 있고 애매하게 자신이 서 있다가 선생님에게 걸리는 경우가 흔히 있다. 사고뭉치와 험담 잘하는 사람의 공통점이 상황 파악이 빨라서 대처능력이 뛰어나다는 것이다.

사회는 불특정다수의 다양한 관계로 존재한다. 독특한 이미지는 다수 속에 자신을 나타내는 수단이고 방법이다. 무조건 상대방의 의견을 존중하고 그의 의견에 동참하는 것은 엄청난 실수가 될 수도 있다. 생활의 지혜는 적절하게 상대관계를 조절하는 능력이다.

반대를 위한 반대를 하는 사람은 대중의 지지를 얻지 못한다. 아무런 생각 없이 상대방의 의견을 따르는 사람도 대중의 지지를 받지 못한다. 자신의 확고한 생각에 따라서 상대방과의 의견의 차이를 조절하는 능력이 필요하다.

　적당히 조절할 수 있는 사고력과 자신의 생각을 주장할 수 있는 정보력과 지적능력도 원만한 대인관계를 이끌어 가는 힘이다. 상대를 설득하여 잘못된 부분을 이해시키는 능력은 긍정적 사고를 통해 적극적으로 해결하는 행동에서 만들어진다.

　평상시 주변으로부터 인정받는 긍정성과 적극성의 이미지를 만드는 노력이 몸값과 가치를 결정짓는다. 자연스런 거절은 평소의 이미지에서 상대에게 불쾌감을 최소화시킨다. 거절할 때 거절할 수 있는 사람이 자기관리와 이미지 관리에서 성공한 자이다.

매력적인 퍼스널브랜딩 4
"관계"

상대 이름을 기억하라
상대를 내편으로 만들어라
상대의 니즈를 파악하라
자리의 힘을 활용하라
자신의 브랜드를 만들어라

실력과 능력으로 사업에 성공하는 것은 전투에서 이기는 것이지만

신뢰와 진실한 마음에 바탕이 된 휴먼 네트워크를 가꾸는 것은

전쟁에서 승리하는 것 **-다시 이병철에게 배워라 중에서**

대인관계를 이끌어 가는 말은 상대적이지만, 자기관리를 통해 상대
의 마음을 이끄는 힘이다. 자기관리는 상대에 대한 배려와 이해를 통
해 상대를 기억해 주는 매너에서 시작된다. 상대에 대한 관심과 나눔
의 행동에서 감동받은 사람들이 협력자가 되기 때문이다. 인간관계
의 비밀을 통해 협력자와 동반자를 만들어 보자!

1

상대 이름을 기억하라

이름보다 더 소중한 것은 없다.

−탈무드

누군가 당신의 이름을 불러 주면 친근감을 느끼게 된다.

단순한 '교수님', '선생님'이라는 호칭보다는 'ㅇㅇㅇ교수님', 'ㅇㅇㅇ선생님'이라는 호칭이 자신에 대한 관심을 나타내는 수단이자, 부드러운 대화를 이끌어 가는 방법이다.

루스벨트가 대통령이 되는 데에는 짐 필리가 결정적 역할을 했다고 한다. 짐 필리에게는 한 번 만난 사람을 기억하고 관리하는 탁월한 대인관계를 이끌어 가는 힘이 있었다. 가난해서 학교를 제대로 다니지 못했지만, 쾌활한 성격으로 대인관계에서는 탁월한 능력을 보였다.

루스벨트가 대통령 선거에 출마하기 전, 그는 기차를 타고 19일 동안 20여 주를 돌았다. 마차, 기차, 자동차, 작은 배 등등 거의 모든 교통편을 이용하여 도합 1천 2백 마일을 여행했다.

마을에 도착하면 사람들과 자연스럽게 식사와 차를 함께 나누고 다양한 주제의 대화를 나누었다. 서부를 비롯하여 북부 사람들에게 매일 수백 통의 편지를 보내며 안부를 확인했다.

동부로 돌아오자, 그간 만났던 마을 대표자들에게 편지를 보내 회합에 모인 사람들의 명단을 보내 줄 것을 의뢰했다. 이런 방법으로 수만 명의 명단이 작성되었다.

명단에 있는 모든 사람들은 민주당 전국위원장 '짐 필리'의 이름으로 친절한 편지를 받게 되었고, 많은 사람들이 루스벨트의 지원자가 되었다. 관심 있는 인사 편지가 유권자와 친밀한 관계를 만들었던 것이다.

대통령 가까이 있는 운전사는 물론, 주변의 요리사나 조경사 등의 이름을 기억하여 불러줄 때, 상대는 자존감을 느끼며 이름을 불러 주는 사람에 대한 존경심도 가지게 된다. 이름은 서로 간의 예의이며 관계를 이끌어 가는 밧줄이다.

소통왕이 강철왕으로

앤드류 카네기의 성공 비결은 무엇일까? 카네기는 '강철왕'으로 불리지만, 정작 그는 철강에 관해서는 아는 바가 별로 없었다. 강철에 대한 지식보다는 고용하고 있는 수백 명의 이름을 기억하여 그들과 소통하는 방법을 알았던 것이 그를 강철왕으로 만들었다.

그가 스코틀랜드에서 자랄 때의 일이다. 어느 날 들에서 토끼를 잡고 보니 새끼를 배고 있어 토끼를 데리고 와서 키우게 되었다. 얼마 후 오순도순 태어난 새끼 토끼들이 작은 토끼집에 가득 차게 되었고, 먹이가 모자라게 되었다.

그 순간 기발한 생각을 떠올렸다. 이웃 아이들에게 토끼풀을 많이 뜯어 온 아이의 이름을 토끼에게 붙여 주겠다고 약속한 것이다. 아이들은 자신의 토끼를 위해 토끼풀을 열심히 뜯어왔고, 카네기는 토끼 먹이 걱정을 하지 않게 되었다.

카네기는 토기를 키울 때 이름을 평생 동안 기억하고 사업 경영방법으로 응용하여 거대한 부를 얻게 되었다. 그는 어릴 때부터 사람을 조직하고 통솔하는 재능이 뛰어났다. 이미 열 살 때, 인간은 자기의 이름에 집착한다는 사실을 알고 상대의 마음을 이용하는 방법을 배운 것이다.

대부분의 사람들은 상대의 이름에는 관심이 없지만 자신의 이름에는 애착을 가지고 있다는 것을 알았다. 상대 이름을 기억하고 불러 주는 것이 상대의 비위를 맞추는 아첨보다 몇 배의 효과를 내기 때문이다. 상대를 만났을 때 이름을 기억하지 못하거나 틀린다면 관계가 어색해진다.

영업으로 성공한 사람들의 공통점은 과거 만남에 대한 것을 떠올려 상대의 이름을 정확하게 기억하고 이름을 불러 준다는 것이다. 이름을 불러 주는 순간, 상대로부터 자존감을 느낀다. 교사가 학생의 이름을 불러 주었을 때 원만한 수업이 진행되는 것도 같은 이치다.

출석부를 보고 이름을 부르는 것보다 기억하고 불러 줄 때, 자신에 대한 관심을 가지고 있다고 판단하고 긍정적으로 반응하게 된다. 이름을 부를 때 긍정적 행동을 하는 것은 지적 지능을 가진 인간의 본능이다. 이름을 불러라.

이름으로 얻는 믿음과 신뢰

카네기는 펜실베이니아 철도회사에 레일을 팔고 싶었다. 당시 에드거 톰슨이라는 사람이 철도회사의 사장이었다. 카네기는 피츠버그에 거대한 제철공장을 세우고, 공장 이름을 '에드거 톰슨 제철소'라고 지었다.

조지 풀맨과 침대차의 매각 경쟁을 할 때, 어린 시절 토끼 키우던 일을 떠올렸다. 당시 카네기의 센트럴 트랜스포테이션 회사와 풀맨의 회사는 유니언 퍼시픽 철도회사에 침대차를 팔기 위해 경합을 벌이고 있었다.

카네기와 풀맨이 유니언 퍼시픽의 수뇌부를 만나기 위해 뉴욕으로 갔을 때의 일이다. 센트니코러스 호텔에서 두 사람이 마주치자, 카네기가 말을 건넸다.

"풀맨 씨, 안녕하십니까? 곰곰이 생각해 보니, 우리가 어리석은 짓을 하고 있는 것 같습니다."

풀맨이 놀라서 물었다.

"그게 도대체 무슨 뜻이오?"

바로 이 순간이라 생각한 카네기는 이전부터 생각하고 있던 합병을 말했다. 그는 서로가 경쟁하는 것보다 제휴하는 편이 서로에게 이익이라고 풀맨을 설득했다. 듣고 있던 풀맨은 반신반의하면서 카네기의 의중을 물었다.

"그렇다면 새 회사의 명칭은 어떻게 할 셈이오?"

카네기는 기다렸다는 듯이 대답했다.

"그야 물론 풀맨 파레스 차량회사죠."

풀맨의 얼굴이 바뀌었다. 카네기의 진심을 파악한 것이었다.

"내 방으로 가서 그 문제에 대해 좀 더 상의를 해 봅시다."

두 사람의 협상은 미국 공업사에 새로운 장을 열게 되었다.

거래는 상대를 배려나 양보로 이익을 취득하는 것이다. 이름의 소중함을 상대에게 베풀어 믿음과 신뢰를 얻는 것이다. 카네기는 사업의 이익을 위해서 상대에게 명분을 만들어 주는 리더십이 뛰어났다.

카네기의 성공 비결은 상대를 인정해 주는 거래 방식에 있다. 카네기는 회사에서 일하는 많은 노동자들의 이름을 기억하며, 그들의 이름을 불러 주는 방법으로 관계를 이끌어 가는 힘을 발휘했다.

조직 관리에서 이름은 중요한 리더십이다

"○○○ 부장!"

'박 부장', '강 부장'보다는 '박○○ 부장', '강○○ 부장'으로 부르는 것이 중요하다. '박 부장', '강 부장'으로 부르면 지시적이고 명령적인 관계가 되지만, 이름을 부르면 상대를 인정하는 동격관계로 대화하는 형식이 되기 때문에 진지한 대화가 이뤄진다.

"○○○ 부장님"이라고 부르는 것이 상사에 대한 예의이다. "박 부장"이라고 부르면 동료가 부르는 호칭이 된다.

"○○○ 군"

'박 군', '이 군'이라는 호칭보다는 이름으로 부르는 순간, 관계가 가까워진다. 흔히 부르는 명칭보다 부모가 지어 준 이름을 불러 줄 때 편안한 감정을 느끼기 때문에 감성적 관계가 형성된다.

"우리 아들!"

아들의 이름을 부를 때, 부모에 대한 믿음과 신뢰가 만들어진다. 일반적인 호칭보다 이름을 부를 때 더욱 친근해진다. 누군가로부터 불러지기 위한 이름을 아무도 불러 주지 않는다면 자존감에도 상처를 받는다.

'아들', '딸'이라는 단순한 호칭보다는 이름을 부르는 것이 좋다. 아들, 딸은 일반적인 호칭으로 모두를 지칭하기 때문에 존재감을 키우는 데 한계가 있다. 아들, 딸의 이름을 자주 부를수록 자녀와 부모 관계가 가까워진다. 이름은 심리를 이용하여 자연스런 관계를 이끌어 가는 방법이다.

이름을 불러라

루스벨트는 이름을 기억하여 불러 주는 것이 상대방에게 자신감을 주고 상대와의 관계를 만드는 대인관계 방법임을 알고 있었다.

크라이슬러 자동차 회사가 루스벨트를 위하여 특별 승용차를 제작하여 W.F. 첸바렌이 기계공과 함께 차를 가지고 대통령 관저로 갔다. 대통령에게 특수한 장치가 많이 장착되어 있는 자동차의 조종법을 가르쳐 주자, 그는 대인관계법을 가르쳐 주었다.

대통령은 관저로 찾아온 첸바렌의 이름을 부르며 반갑게 맞아 주었다.

"훌륭하군. 단추 하나로 자유롭게 조종할 수 있다니! 어떤 장치를 했기에 이렇게 작동되지? 차를 분해해서 속을 들여다보고 싶구먼."

대통령은 자동차로 주변 사람들의 시선이 집중되었을 때,

"첸바렌 씨, 이렇게 훌륭한 자동차를 만들기 위해 애 많이 쓰셨소. 정말 대단합니다."

라디에이터, 백미러, 시계, 조명 기구, 차내 장식, 조종석, 트렁크 등을 하나씩 보면서 대통령 부인, 노동부 장관 미스 퍼킨스 등 주위에 있는 사람들에게도 새로운 장치를 설명했다.

"조지, 이 특제 슈트케이스는 특별히 조심해서 취급해야겠어요."

흑인 종업원의 이름을 부르면서 자세히 알려 주었다.

대통령 관저로 함께 간 기계공의 이름도 부르며 악수를 하고 치하하는 모습에서 첸바렌은 대통령의 대인관계 능력에 감탄했다.

몇 번을 만났는데도 상대의 이름이 기억나지 않는 경우, 어떤 모임이나 세미나에서 만났는데 이름이 기억나지 않는 경우, 거래처 담당자의 이름이 기억나지 않는다면 계약은 이미 어렵게 되는 것이나 마찬가지이다. 상대의 이름조차 기억하지 못하는 사람에게 신뢰와 믿음을 줄 수 없기 때문이다. 신입사원을 부르고 싶었는데 이름이 기억나지 않아 동료를 통해 이름을 물어본다면 조직 관리에 실패한다.

그런데 어느 사람은 한번 들어도 이름을 기억하는데, 몇 번을 만나도 이름을 기억하지 못하는 이유는 무엇 때문일까?

뇌는 반복과정에서 기억하며 이미지로 기억하거나 노랫말로 기억하면 리듬과 이미지가 기억력을 돕는다. 그렇다면 이름을 쉽게 기억하는 방법을 알아보자!

이미지로 이름 기억하기

영업사원은 상대의 이름을 정확하게 기억하는 방법을 알고 있다. 영업사원이 한번 만난 상대의 이름을 기억하는 비결은 무엇일까?

그것은 바로 '관심'이다. 상대의 특징이나 개성, 성격, 능력 등을 관심 있게 관찰하는 순간, 이름을 기억하는 방법을 알게 된다. 남과 다른 개성이나 특징, 말투와 억양, 행동 등이 상대의 이름과 연계되어 기억하게 된다.

첫 번째, 상황 기억

단순하게 단어만을 기억하려고 한다면 시간이 지나면 잊어버리게 되지만, 단어와 사건을 연계시키면 사건을 통해 단어를 기억하거나 단어를 통해 사건을 기억하기 때문에 오랫동안 기억에 남는다.

한 번 만난 상대의 이름을 기억하려면, 사건과 연계시키는 연습이 중요하다. 사건은 만났을 때의 상황이다. 어떤 상황에서 만났는가에 대한 동기나 원인, 만남의 장소 등에서 상대를 기억하는 방법이다.

두 번째. 특징 기억

상대의 특징이나 개성을 이름과 연계시켜 연상하는 방법도 있다. 이름과 연계되는 사건이나 상황 등을 연상하는 것도 특징을 통한 기억방법이다. 남과 다른 특징은 직업, 성격, 능력 등으로 차별화되는 것이다.

조직원의 이름을 기억하는 것은 중요하다. 개성이나 맡은 일과 연계하여 이름을 기억하는 방법은 조직 관리에서 사용되는 이름 기억방법이다.

이미지를 적절하게 사용한 인물 중에 아인슈타인이 있다. 아인슈타인에게 상대성 원리 이론을 어떻게 만들었는지에 대해 묻자, 그는 이렇게 말했다.

"나는 그 상황에 여러 가지 생각이나 이미지를 떠올리고 있었습니다. 말을 쓰지 않고 생각에 골몰했습니다."

인간의 두뇌에 있는 뉴런 속에서 이미지 정보는 언어 정보보다 100배, 1000배의 기억 효과가 있다. 머릿속 그물망에 이미지 그림을 그리는 것이다. 이미지는 공간적 구성으로 공간·시간의 제약이 없어, 복잡하고 많은 정보를 쉽고 간단하게 저장할 수 있다. 이미지 기억은 다음의 3단계로 기억된다.

> **이미지 기억 ⇨ 시각적 기억 ⇨ 마음의 그림**

  뉴런의 용량은 무한하다. 지식은 87%가 시각적 자료, 13%는 청각, 3%는 후각, 1.5%는 촉각, 1%는 미각으로 기억된다. 그 가운데 시각적 지식정보가 정확하게 저장된다.

  1970년 랄프 하어 박사는 10초에 1매의 사진을 7시간에 걸쳐 총 2,560장을 보게 한 후, 사람의 인식 능력을 실험했다. 그 결과 평균 85%~90%의 영상 인식 능력이 있다는 것을 파악했다. 기억은 저장방법이 시각적인가, 청각인가, 후각인가, 촉각인가, 미각인가에 따라서 나타나는 속도가 다르다. 이미지 기억 방법이야말로 가장 정확하게 오래도록 기억되는 방법이다.

이미지 기억 사례

- A 의사는 훈련 과정에서 수술하는 과정을 이미지로 수없이 상상하며 수술연습을 했더니, 실제 수술을 할 때 큰 어려움이 없었다고 한다.
- K 변호사는 재판 전날 하루 종일 법정에서 벌어질 것을 예상하고 이미지로 모든 과정을 그리며 변호 상황을 상상했더니, 실제 변호를 하는 데 도움을 받았다.

• 아브라함 링컨은 대통령이 되기 전부터 자신이 대통령이 되어서 어떤 행동을 하고, 어떤 말을 할 것인가를 늘 상상하며 자랐다.

이미지는 그림이나 숫자, 색상이나 형태 등으로 기억하는 방법이다. 첫인상이 오래 기억되는 것도 이미지 때문이다.

외모, 의상, 억양, 자세 등은 상대 이름과 연계되는 이미지이다. 특히, 의상 스타일이나 헤어스타일, 옷의 컬러는 상대를 기억하게 만드는 이미지 요소들임을 기억하자.

2

상대를 내 편으로 만들어라

만약 누군가를 당신의 편으로 만들고 싶다면,
먼저 당신의 그의 진정한 친구임을 확신시켜라. —에이브러햄 링컨

SNS 시대에는 장점과 단점이 동시에 존재한다. SNS는 가장 빠른 시간에 정보를 전달하는 수단의 방법으로 사용되고 있다. 연예인을 대상으로 자신의 생각을 가감없이 올리고 있어 상처를 받기 쉽다. 대중의 입가에 쉽게 오르내리는 연예인은

누군가의 근거 없는 이야기가 진실로 포장되어 순식간에 퍼진다.

대중은 상대방의 약점이나 이야기에 자극받는다. 이야기 대상이 되는 연예인은 행동에 남보다 많은 조심을 기울여야 한다. 작은 실수도 치명적인 사건의 이야기가 되어 SNS를 통해 포장되기 때문에 시간이 지나면서 없던 일도 사실로 만들어지고 있다. 의식하지 않으려고 해도 주변 사람들이 소곤대는 모습을 보면 신경이 쓰인다. 무시하려고 하는 순간, 사실이 되어 돌아오는 소문에 시달리다 인생을 포기하는 경우도 종종 발생한다.

인간의 본능에는 시기와 질투가 있고 믿음과 신뢰가 있다. 하나의 사건을 시기와 질투의 요인으로 만들 수도 있고, 믿음과 신뢰로 만들 수도 있다. 스스로 자신을 옹호하려 한다면 시기와 질투가 되지만, 상대가 자신을 옹호한다면 믿음과 신뢰가 된다.

미국대사가 반대자에게 칼로 공격을 당하자 두 가지 반응이 나타났다.

"함께 갑시다!"

미국대사의 반응에 많은 사람들이 옹호하며 미국과 한국 관계를 새롭게 만드는 기회로 분위기를 이끌어 갔다. 일부에서는 공격자의 사상을 옹호하는 무리가 나타나기도 했다.

어떤 공격도 사회에서 정당화될 수는 없다. 그럼에도 정당성을 주장하는 무리는 존재하는 것이다. 소수의 정당화는 다수에 의하여 자연적으로 무시되고, 소수를 비판하고 도태되게 만든다.

정당성을 가진 것도 비판의 무리가 있듯이 정당성을 입증하지 못하는 연예인의 사건은 무참하게 사실 소문이 되어 한 사람의 인생을 깨뜨리게 된다.

우리는 살아가면서 따돌림, 비난과 부정, 시기와 질투를 겪는다. 만일 사례와 같이 작가와 연예인 같은 경우가 된다면 어떻게 방어할 것인가? 상대를 강제로 이해시키려 하지 말고, 자연스럽게 내 편으로 만들어야 한다.

"급하면 돌아가라"는 지혜로 꾸준히 시간을 두고 노력할 때, 어느 순간 내 편이 되어 있을 것이다.

내 편으로 만드는 다섯 가지 방법

나를 비방하는 사람조차 내편으로 만드는 방법에는 크게 다섯 가지가 있다. 성공의 비결은 적조차 내 편으로 만드는 것이다. 지금부터 적을 내 편으로 만드는 방법을 알아보자!

상대편 입장에서 말하라

토론은 서로 다른 생각을 정리하여 하나의 아이디어로 만들어가는 과정이다.

토론에서 자신의 의견에 문제점을 제시하는 상대편 입장에서 생각하는 것은 지혜이다.

"선생님의 지적에 감사합니다."

상대방의 지적에 감사를 표시하면 상대는 감정을 다스리게 된다.

'도대체 이 사람이 무슨 생각으로 반대하는 나의 생각을 존중한다는 말인가?'

적을 내 편으로 만드는 방법은 간단하다. 적의 생각을 존중하고 찬성하는 것이다.

"절대 반대합니다."

"동의할 수 없습니다."

"이해될 수 없습니다."

"원칙에 위배됩니다."

자신의 의견만이 절대적이라는 발상은 생각의 폭을 좁게 만든다.

"서울 가는 길은 여러 방향이다."

한 방향만을 고집하는 것보다 때로는 돌아가는 방법이 지혜이다.

"선생님의 지적에 이해가 됩니다."

반대 의견을 분석하면서 생각하지 못한 부분을 찾게 된다.

"미처 거기까지 생각을 못했습니다."

급하게 서두르면 생각이 좁아지고, 좁은 생각은 강한 주장으로 나타난다. 슬기롭다는 것은 풀어 가는 생각의 방향을 의미한다.

"반대 의견을 존중합니다. 수렴하겠습니다."

끝까지 반대에 반대하면 의견은 충돌되고 토론은 무산된다. 토론은 의견수렴에 있다. 서로 다른 의견의 차이점을 분석하여 공통점으로 풀어 가는 방법이 필요하다.

"저 사람 강성이야."

강성의 이미지는 주장이 지나쳐 고집으로 비춰지기 때문이다.

"그분이라면 리더의 양쪽의 리더로 적합합니다."

온화한 이미지는 서로 다른 생각과 행동을 이해하는 사람이다.

상대와 공감하라

"그 점에 동의합니다."

동의에 기분이 상하는 사람은 없다. 자신의 의견에 공감한다는 사람에게는 공격하지 않는다. 전적으로 공감하면서 자신이 생각하는 방향으로 이끌어가는 지혜가 필요하다.

"듣고 보니 같은 생각입니다. 그렇다면 어떻게 하면 되겠습니까?"

공감을 표시하고 동참하면서 문제를 풀어가는 방법이다. 공감은 신뢰를 표시하는 행동이다. 신뢰하는 사람에게 "왜 다른 의견에 공감합니까?"라고 공격하지는 않는다.

반대를 하는 사람의 유형에는 두 가지가 있다. 첫째는 자신의 생각과 다르기 때문이며, 둘째는 무조건 반대를 함으로써 자신을 돋보이기 위함이다. 두 번째 사례에 속하는 경우는 겸손하지 못하거나 성격이 급해서 돌발적으로 반대를 하는 경우가 많다.

"목마른 사람에게 물을 주라."

목마른 사람은 기다릴 수 없다. 먼저 먹어야 살 수 있다는, 오로지 생사문제만을 생각하기 때문에 상대방의 입장을 생각하거나 고려하지 않는다.

"엄마, 물 줘요."

아이가 물을 요구할 때는 목이 마르기 때문이다.

"냉수 말고 이것 먹어라."

아무리 좋은 음료라도, 아이에게 필요한 것이 물이라면 강요하는 음료를 거부하게 된다.

"인삼물이니 이것을 먹어라."

아이는 새로운 음료보다 항상 먹는 물을 요구한다. 부모 입장에서 인삼물을 강요하는 것은 약보다 독이 될 수 있다. 맹물이지만 아이의 갈증을 해결해 주는 것이 필요하다.

데일 카네기는 지혜롭게 의견하는 방법을 제시한다.

"자신의 생각이 옳을 때는 생각을 부드럽고 재치있는 방법으로 상대에게 전하라. 자신의 생각이 잘못되었을 때는 잘못을 가능한 빨리 기꺼이 겸허하게 인정하라."

상대와 공감한다는 것은 상대방의 입장에서 생각하고 행동하는 것이다. 이해와 공감을 표시하는 방법은 부드러운 자세이다. 강아지 등의 동물들은 승복과 존중의 표시로 꼬리를 흔들기도 하지만, 고양이는 꼬리를 세울 때 공격 자세이다. 이것은 동물의 성격이 행동에서 다르게 나타나는 것이다. 흔드는 꼬리를 보고 공격하지 않듯이 낮은 자세에서 부드럽게 접근하면, 상대는 비판하거나 공격적 발언을 하지 않는다.

사자가 꼬리를 감출 때는 공격을 위한 준비이다. 상대에게 보이지 않는 자세에서 공격하기 위해 꼬리를 감춘다.

그리고 강아지가 꼬리를 내리는 것은 겁을 먹거나 불안할 때, 환경이 바뀌거나 놀랐을 때, 스트레스를 받았을 때 나타나는 자세이다. 동물은 꼬리 등으로 자신의 생각을 표현한다. 강한 동물에 대한 복종의 자세는 몸을 낮추고 꼬리를 감추는 행동이다.

상대를 감동시키는 것은 자신의 행동이다. 공격하면 방어하는 것이 동물의 본능이다. 반대 생각에 동의하거나 이해하는 자세가 공감대를 만든다.

"듣고 보니 내 생각이 짧았습니다."

상대 생각에 대한 강력한 인정이다. 단순하게 "동의합니다."라는 표시보다는 "듣고 보니 공감합니다."라는 확고한 메시지를 전달하는 것이 상대에게 깊은 신뢰감을 준다.

감정을 가지고 있다면 사소한 말이나 행동에도 공격을 하지만, 평소에 상대에 대한 믿음과 신뢰를 가지고 있다면 말이나 행동의 실수도 과감하게 이해하고 용서하는 것이 필요하다. 이것이 상대와 공감이다.

같은 실수이지만 공감할 때와 그렇지 않을 때의 반응은 다르다.

"어떻게 이런 실수를 해?"

상대와 공감하지 못할 때의 반응이다.

"괜찮아, 누구나 그 정도 실수는 할 수 있어."

상대와 공감이 너그러운 포용과 이해로 나타난다. 같은 입장에서 환경과 조건을 이해하는 마음은 '여유'이다. 여유를 만들어 주는 것이 공감이다.

"여유있는 인상이 좋습니다."

하회탈처럼 웃는 모습에서 여유가 느껴진다. 미소를 보는 사람도 여유로워지는 것은 공감 때문이다.

"너그러운 인상이네요."

첫 만남이지만 상대에게 편안함을 느끼게 만드는 이미지가 오래도록 기억에 남는다. 공감하는 이미지는 상대를 인정하는 표현으로 원활한 교류가 이루어져 자유로운 대화를 하게 만든다.

작은 일도 칭찬하라

칭찬은 상대에 대한 존중과 감사의 표시이다. 무조건 칭찬하는 것보다는 칭찬에 대한 확고한 내용을 칭찬하는 것이 필요하다. 자칫 잘못 칭찬하면 아부가 되고 오히려 불신의 원인이 될 수도 있기 때문이다.

작은 생각이나 행동을 구체적으로 칭찬하는 것이 중요하다.

"듣고 보니 이해가 됩니다."

듣지 않고 들었다고 말하면 칭찬에 대한 신빙성이 떨어진다. 어떤 내용에서 공감한다는 구체적인 내용을 제시함으로써 믿음과 신뢰감을 높인다. 특히 대화나 토론에서 칭찬은 구체적이지 못하면 오해를 만들 수 있다.

"저 사람이 동의한 이유가 뭐지?"

구체적인 동의가 아니면 공감대를 만들지 못한다.

"이 부분은 내가 생각하지 못했군요."

"그런 문제점이 있는 줄 몰랐습니다."

"아하! 이런 방법도 있군요."

"정말 기발한 발상입니다."

"아이디어가 뛰어납니다."

"뛰어난 관찰력에 감탄했습니다."

"그렇게 분석하니 쉽게 풀리는군요."

업무적 능력이나 정보적 능력에 대한 구체적인 칭찬이 조직에서 필요하다. 단순한 칭찬은 조직생활에 오해를 만들 수도 있다.

"부장님은 항상 칭찬을 하시는 분이지."

"인사성 칭찬이야."

따라서 작은 생각이나 행동을 구체적으로 제시하고 칭찬하는 습관이 필요하다.

"현장에 이런 문제가 있었군요."

습관적으로 발생하는 업무에서 문제점을 찾는 것은 예리한 관찰력이다.

누구나 지나치는 단순한 문제를 분석하는 작은 행동을 칭찬하는 것이 아이디어 칭찬보다 원활하고 활기찬 조직을 만든다. 업무에서 발생하는 작은 행동을 칭찬함으로써 조직력 또한 키우게 되는 것이다.

"이거 아들이 한 거야."

항상 어지럽던 방을 청소하거나 물건을 정리했다면, 칭찬을 해 주어야 한다. 작은 행동이지만 칭찬받을 때, 아이는 칭찬받기 위한 행동을 하게 된다.

"별거 아냐. 장난감 통에 담은 것뿐인데?"

간단한 행동이지만 칭찬에 반응한다. 놀면서 무심히 던져 놓은 것을 통에 담는 단순한 행동을 칭찬할 때, 정리하는 방법을 이해하게 된다. 아이의 사소한 행동을 칭찬할 때, 청소는 엄마 담당이라는 생각을 바꾼다.

"옆집 두리는 자기 방 자기가 청소한단다."

무심결에 지나치는 한마디가 아이의 자존심을 자극한다. 비교는 자존심을 상하게 만든다. 칭찬을 못하면 비교를 하지 말아야 한다. 무의식중에 비교를 하지만, 비교 당하는 입장에서는 작은 것에도 흥분하게 된다.

"홍연구원은 고르는 것마다 패션 감각이 있어!"

작은 행동이지만 감각적 능력을 칭찬하면 기분이 상쾌해지고 자신감을 가지게 된다. 업무 능력을 촉진시키는 것은 직원의 작은 행동에 대한 칭찬이다. 같은 칭찬을 반복하지 말고 다른 행동을 칭찬할 것을 찾는 것이 리더의 능력이다.

"잘한다 잘한다 하면, 더 잘하게 된다."

의례적인 칭찬인 줄 알면서도 상사로부터 받는 칭찬은 자신감을 준다. 칭찬은 뉴런의 행복 부분을 자극하여 가벼운 마음으로 행동하도록 지시하기 때문이다. 좋은 말만 듣고 좋은 것만 보라는 것은 뉴런이 반응하기 때문이다.

그렇다면 무엇을 칭찬할 것인가? 칭찬을 위한 전략을 짜라. 작은 행동과 생각을 어떻게 칭찬할 것인가를 구상하는 것은 상대의 마음을 자극시켜 원만한 대인관계를 이끌어 가는 힘이 된다.

"에디슨, 어머니 모시고 오렴."

에디슨이 학교에 입학한 지 얼마 되지 않아 담임선생님은 에디슨의 어머니를 불렀다. '에디슨에게 문제가 생겼나?' 궁금한 마음으로 어머니는 학교로 갔다. 선생님은 에디슨의 수학문제를 내밀었다.

"어머니, 에디슨 때문에 다른 애들도 문제가 됩니다."

어머니는 당황했다. 말썽을 부리지 않는 에디슨이 친구들에게 문제라는 말에 당황했다.

"글쎄, 1+1은 2라고 수없이 가르쳐도 1이라고 고집하네요."

에디슨은 '1+1=1'이라고 확신했다. 문제는 교사 입장에서 '1+1=2'라고 가르쳐야 하는데, 에디슨 때문에 다른 아이들도 '1+1=1'이라고 쓰는 것이다. 어머니는 에디슨에게 물었다.

"왜 '1+1=1'이라고 썼니?"

"엄마, 진흙놀이 할 때 두 개 뭉치를 합치면 하나가 되잖아?"

에디슨의 이야기를 듣는 순간, 어머니는 에디슨의 생각에 박수를 쳤다.

"그래, 네 생각이 맞는 거야. 이제부터 엄마하고 공부하는 게 어떠니?"

"좋아요!"

다음 날 어머니는 담임을 만나서 자퇴를 통보했다.

"에디슨, 너는 네가 원하는 것을 할 수 있어."

"너는 다른 애들이 보지 못하는 것을 볼 수 있지?"

"네가 하고 싶은 것을 하거라."

어머니는 에디슨의 능력에 대한 칭찬을 아끼지 않았다. 에디슨이 계란에서 병아리가 나오는 것을 보고 자신도 계란에서 병아리를 태어나게 하고 싶다고 할 때도 3일 동안 먹을 것을 주면서 에디슨의 행동에 칭찬했다.

"오늘은 무엇이 달라졌니?"

"응, 꿈틀거렸어. 나오려는 거 같아!"

3일이 지나자, 에디슨은 사람은 계란에서 병아리를 부화시킬 수 없다는 것을 스스로 깨달았다. 어머니는 에디슨의 행동을 비평하거나 어리석다는 말을 하지 않았다. 스스로 깨달을 때까지 기다리며 에디슨의 생각을 칭찬했고, 관찰과 분석능력을 키웠다. 어머니가 에디슨을 발명가로 키운 것이다.

에디슨이 세계 최고의 발명가가 될 것이라고 어머니는 생각하지 않았다. 그저 에디슨의 생각을 존중했고, 다양한 생각을 하도록 칭찬을 통해 자신감을 심었다. 학교보다 자유롭게 자연을 관찰하고 분석하는 방법을 가르쳤고 스스로 깨달을 때까지 기다렸다.

학교를 자퇴한 에디슨에게 남과 다르게 생각하고 행동하는 ADHD 증세를 칭찬하는 방법으로 창의성을 키웠다. 성장과정에서 ADHD 증세는 누구나 경험한다. 아인슈타인도 어릴 때 같은 증세를 가지고 있어 주변으로부터 따돌림을 받은 경험이 있다고 한다.

따돌림을 어떻게 교육하는가에 따라서 병이 될 수도 있고, 창의성으로 나타날 수도 있다. 에디슨 어머니는 창의성으로 나타나도록 환경을 만들었다.

"뭐가 다르지?"

단순한 칭찬보다는 다르게 보는 방법에 대해 칭찬했다.

"이렇게 보면 어떨까?"

칭찬을 하면서 관찰하는 방법을 제시하면, 자신감이 붙는다.

"이런 모양도 있었구나!"

방법 제시를 통해 또 다른 새로운 발견을 하게 된다.

아인슈타인은 자연에 대한 궁금증을 가지고 자신의 방식대로 관찰하고 분석하는 능력이 있었다. 자신감이다.

"야, 그것도 생각이라고 말해?"

자신감을 밟는 말 한마디가 ADHD 증세를 확산시켜 평생 동안 자신감을 잃어버리게 만든다.

"어떻게 생각한 거지?"

남과 다르게 말할 때, 주변에서 칭찬으로 말해 준다면 자신감이 상승한다. 보이지 않는 부분을 보기 위해 노력하여 전체 형태의 이미지를 기억하기 때문에 뇌가 발달하는 것이다. 칭찬이 생각의 이미지를 만들어 주는 것이다. 단순한 생각에서 다양한 생각으로 생각의 그물을 넓히는 방법은 이미지이다. 또 다른 칭찬을 받기 위해 연상적으로 생각하기 때문이다.

상대를 대변하라

"그 방향에서 본다면 맞습니다."

자신의 생각에 반대하는 사람의 생각을 칭찬하고, 상대의 생

각을 대변하면 상대는 당황한다.

"제 생각보다 앞선 생각입니다."

자신을 낮추고 상대를 높이는 순간, 상대는 생각을 바꾸게 된다.

아이들은 자신이 옳다는 생각으로 행동하지만, 부모의 입장에서는 어리석은 생각이라고 판단하고 야단을 친다. 그때마다 아이들은 억울하다는 생각을 하게 되고, 같은 상황이 발생하면 입을 닫고 마음을 닫고 대화를 하지 않는다.

"선생님의 말씀은 서로가 협력해야 한다는 말씀이죠?"

상대방의 생각의 일부를 강조해 주는 것은 신뢰와 믿음에 대한 표시이다.

"좋은 생각입니다."

단순한 찬성보다는 구체적인 찬성이 상대를 내 편으로 만들게 한다. 맞장구는 상대방의 의견에 대한 찬성이면서 대변하는 성격이 있다.

"내 생각이 바로 그런 것인데요."

"내 생각을 말씀해 주셔서 감사합니다."

"나는 표현방법을 몰라 말을 못했는데요."

"간단하고 명료하게 정리해 주셨습니다."

"그런 방법이라면 100% 가능합니다."

상대방의 생각을 대변하는 방법은 동의와 동조를 통한 방향 제시이다. 가능성을 제시함으로써 상대방의 의견이 지니는 가치를 존중하는 방법은 문제를 해결하는 방법과 함께 제시하는 결과성이다. 단순하게 상대방의 의견에 찬성한다는 것보다 상대방의 의견을 어떻게 응용하고 활용할 것인가에 대한 대안을 제시하는 것이 중요하다.

"말씀하신 방법이라면 해결책이 됩니다."

"서로의 생각을 하나로 만드는 묘책입니다."

"전적으로 동의하고 협력하겠습니다."

내 편으로 만드는 방법은 동의를 통한 협력으로 동반자를 만드는 것이다.

1%가 아닌 99%를 대변하라. 국민을 대변하는 사람들이 있다. 국회는 국민을 대변하는 기관이지만, 1%를 위한 집단으로 변하면서 미국에서 대규모의 시위가 발생했다. 대변은 어느 순간 이익과 연계되고 말았다. 이익이 없으면 대변하지 않는 사회가 되어 가고 있는 것이다.

소수를 대변하는 단체가 다수와 대항하면서 사회가 균형을 이루는 것과 같이 대변은 옳고 정당한 사건에 대한 옹호이고, 자신의 생각과 같을 때 상대와 함께 공동체를 만드는 수단이다.

"나를 이해해 주셔서 감사합니다."

대변은 이익을 떠나서 생각적인 것이다. 같은 생각일 때 상대의 구분 없이 대변을 하게 된다. 99%의 궁지에 몰려 있는 사람을 위해 대변하는 것은 희생이다. 1%의 정당성을 옹호하다가 99%의 비판세력에 몰릴 수 있으므로 대변은 생사를 함께하는 것과도 같다.

"친구들이 뭐라고 하든 엄마는 너를 믿는다."

주변 사람들의 비판에도 자신을 믿어 주는 사람이 있을 때 자존감을 느낀다.

지역적으로 낙후되고 지역 환경이 열악하면 아이들도 멸시를 당한다.

"그 학교 아이들 문제덩어리죠?"

일방적으로 지역적 환경을 이유로 매도하는 사회이지만, 편견을 깨뜨리고 사회적으로 성공하는 경우가 많다.

"여러분도 꿈이 있지요?"

강의를 하면서 학생들의 꿈을 물어보면 도시 학교 학생들과 큰 차이가 없다. 그럼에도 학교 교사들조차 아이들이 꿈이 없다고 단정하고 근무하는 모습을 보면서, 폐쇄집단의 이기주의가 얼마나 심각한지를 깨닫게 된다.

"그 학교 학생들도 다른 지역 학생과 동일합니다."

꿈을 조사한 데이터를 제시하면서 지방이나 도시지역이나 꿈에 대한 차이가 없다고 주장하자, 교사들도 자신들의 생각이 편견이었음을 시인했다.

상대를 감동시켜라

영업 전략의 최고 가치는 고객 감동에 있다. 지속적인 고객으로 확보하려면 고객을 감동시켜야 한다. 최근에는 이러한 고객의 개념이 물건을 주고받는 관계에서 공존의 개념으로 확산되고 있다.

바야흐로 서로의 생각을 교류함으로 시너지를 창출시키는 시대이다.

"오늘 강의는 감동이었습니다."

강의를 마치고 교육생에게 듣는 말 중에 가장 기쁜 것은 감동했다는 말이다. 단순한 지식전달 교육에서 동기와 자신감 등을 심어 주는 감동교육으로 교육생의 공감대를 만들었기 때문이다.

"자신감을 얻게 되었습니다."

교육을 마치고 돌아오는데 문자가 들어왔다.

"감사합니다."

문자를 받고 감사의 문자를 보낸다. 교육을 통해 교육자는 교육생과 교류한다. 그리고 준비된 정보를 나누며 서로를 생각하게 만든다.

"나를 돌아보는 순간이었습니다."

감사의 문자는 다양하다. 그 중에 자신을 발견했다거나 동기와 자신감을 얻었다는 문자를 받으면 기분이 좋다. 이럴땐 교육자로 활동하는 보람과 가치를 느끼게 된다.

이미지로 감동시켜라. 드라마를 보면 눈물을 흘리고, 이야기를 들으면 눈물을 흘리는 것은 연상되는 이미지 때문이다. 상대의 마음을 움직이게 만드는 것이 감동이다. 연출자의 표정과 목소리에서 공감대를 느끼고 감동한다.

"설득했습니까?"

아무리 말을 해도 자기주장만 세우는 사람을 설득하기란 여간 어려운 게 아니다.

"어떻게 설득하셨죠?"

누구의 이야기도 듣지 않는 사람을 설득했다는 말에 동료들이 모여들었다.

"어렵지 않았어요. 그냥 있었던 이야기를 한 것뿐이에요."

철벽같은 사람을 설득하는 것은 의외로 간단하다. 공감대를 이끌어 감동시키는 방법이다. 많은 설명은 상대를 피곤하게 만들지만, 간단하면서 정곡을 찌르는 핵심 있는 말은 짧고 간단하면서도 감정을 자극시킨다.

『우리 앞에 독일이 있다.』

히틀러의 짧고 강한 연설이 독일 국민을 감동시켰다는 일화는 유명하다. 그는 말을 잘하는 사람이 아니었다. 오히려 더듬거리는 말 때문에 고민하기도 했지만, 말 연습을 통해 자신감을 가지고 독일 국민들의 공감대를 자극시킨 것이다. 감동은 상대적인 관계로 감정을 자극시킨다.

말을 잘하는 것보다 말을 잘 표현하는 이미지 기술이 중요하다. 상대를 강압적으로 설득하는 것보다 상대의 감정을 자극시키는 말로 감동시키는 이미지 자극방법이 대화나 토론 연설에서 더 큰 효과를 발휘한다.

감성을 자극시키는 수사

"어쩌다 이런 실수를 반복했나요?"

살인자의 고백을 받는 방법에는 강압적 수사방법과 감성적

수사방법의 두 가지가 있다. 강압적 수사는 상대를 긴장하게 만들고 경직된 생각을 만들어 끝까지 자백하지 않지만, 상대의 감성을 자극시키는 수사는 마음을 움직이게 만들어 스스로 자백하게 된다.

때리면 방어하는 것은 당연하다. 강압적 수사일수록 강하게 다짐하여 고백하지 않지만, 상대방의 입장에서 이해하고 공감대를 만들면 스스로 마음의 문을 열게 된다.

수사관이 범죄자의 입장에서 범죄를 옹호할 때 자연스런 수사가 진행된다. 범죄의 99%는 환경 때문에 발생하기 때문에 범죄발생 환경에 대한 이해와 공감이 상대의 마음을 자극시키는 것이다.

"형사님이 내 편이 되어 주셔서 감사합니다."

어느 죄수가 범죄를 고백하면서 수사관에게 한 말이다. 죄수조차도 자신의 생각을 이해해 주길 원한다.

"어쩔 수 없었습니다."

대개 범죄자들의 솔직한 고백에서 나오는 말이다.

"당신을 100% 용서할 수는 없지만, 당신 입장을 이해할 수 있습니다."

대화에도 환경이 있다. 어떤 분위기인가에 따라서, 그리고 상대의 행동에 따라서 대화내용이나 자세가 결정된다.

"또 때린 거야?"

"때리지 않았어요. 쟤가 넘어진 거예요."

아이들의 싸움은 빈번하다. 사소한 일에도 싸움으로 번진다. 한 번 아이를 때린 경험을 가진 아이에게 사건이 발생할 때마다 야단을 치거나 원인 제공자로 몰아가면, 그 아이는 억울함을 참지 못해서 또 다른 행동을 하게 되고 반복과정을 통해 결국 문제아이로 낙인된다. 그 아이의 입장에서 한 번쯤 이야기를 들어 보고 믿어 주는 지혜가 아이를 내 편으로 만드는 방법이다.

3

상대의 니즈를 파악하라

무언가를 열렬히 원한다면 그것을 얻기 위해
전부를 걸만큼의 배짱을 가져라. –브렌단 프랜시스

거래는 상대적이다. 상대가 무엇을 어떻게 원하는가를 파악하는 것이 거래의 승패를 만든다.

기업경영전략은 상대 기업이 어떻게 홍보 전략을 세우고 있는가에 대한 정보 전쟁이다. 삼성과 애플은 신제품, 신기술에 대한 정보에서 판매 홍보 전략까지 모든 정보를 입수하기 위해 서로가 한바탕 전쟁을 치르고 있다.

소비자의 흐름이 어떻게 흐르고 있는가? 시장조사는 소비자의 흐름을 사전에 파악하여 전략을 세우기 위한 기업이나 단체들의 기본 과정이다.

지피지기(知彼知己)

적을 알면 이미 반은 이겼다는 전략이다. 적을 모르면 반드시 실패한다는 것으로, 상대에 대한 정보 수집과 분석의 중요성을 의미한다.

"아빠는 우리를 이해하지 못해요."

믿었던 자녀들이 부모에게 던지는 한마디는 충격이다. 자식을 위해 모든 것을 바친다는 생각에서 한순간 모든 것을 잃어버리는 심정이다.

"엄마는 왜 내가 하기 싫어하는 것만 시키세요?"

시대의 변화에 따라 자녀들이 공격적으로 자신의 생각을 말한다는 것이다. 아이들은 자신의 생각을 솔직하게 말한다. 아이들의 인권이 강화되면서 스스로 자신의 생각을 말하는 시대가 되었다. 부모를 위해 공부한다는 인식에서 스스로를 위해 공부하겠다는 인식으로 바뀌었다.

"김 대리, 이것 좀 해요."

상사의 지시라면 무조건 따르던 사원들이 업무와 관계없는 지시에는 복종하지 않고 당당하게 거부한다.

"그거, 제가 해야 하나요?"

주어진 업무와 관계가 없다면 대항하듯이 반응한다. 강압적으로 지시하면 상사에 대한 이미지를 바꾸어 버리거나 심지어 사표를 낸다. 유능한 사원일수록 상사는 업무와 연계된 지시나 요구만을 해야 한다.

사원의 생각을 읽어라

"유능한 상사" "인기 있는 상사" "존경받는 상사"

사원에게 인정받는 상사가 되려면 사원들이 무엇을 생각하고 요구하는가를 정확하게 파악해야 한다.

히딩크가 축구명장이라는 의미는 무엇일까? 23명의 멤버에 대한 자료 분이 정확했다는 것이다. 누가 어떤 특기가 있고 성격부터 습관적 행동까지 파악하고 있다는 의미이다. 따라서 공격과 수비에 대한 역할을 어떻게 지시할 것인가를 분석된 자료에 의하여 배정하여, 전체적 팀 분위기를 이끌어 갈 수 있었던 것이다.

명장이란 일방적 지시와 명령을 내리는 사람이 아니라, 팀원에 대한 철저한 분석을 잘하는 사람이다. 경기 당일 선수들의 컨디션을 파악하여 역할분담을 적절히 잘하는 사람이 팀워크 조절에 뛰어난 사람이다. 그러한 의미에서 상대편을 정확하게 분석하여 상대적 공격과 수비에 대한 전략을 세우며, 사전에 반복된 연습과정을 실전에서 나타내도록 훈련시켜 경기 당일의 상대적 분석에 대응하는 전략을 세우는 사람이야말로 명장이라는 것이다.

한두 명의 뛰어난 기량이 팀의 에너지가 되지만, 전체적인 경기의 흐름은 팀원 전체가 원활하게 융합되어 물 흐르듯이 움직여 주어야 경기의 승산이 높아진다.

명장이 팀원의 생각과 행동의 능력을 파악하듯이 상사는 사원을 파악해야 한다. 능력은 주어진 환경과 컨디션에 따라 나타난다. 꼴등이 상위권에 입상하는 경우가 컨디션이나 환경에 따라 능력이 창출되기 때문이다.

"의외의 결과입니다."

"전혀 예상하지 못했습니다."

능률에는 흐름이 있다. 예견한다는 것은 공개된 자료 분석에 대응하는 것으로, 돌발적인 상황에까지 대비하라는 것은 아니다. 반복된 훈련이 돌발적 상황에 대비하지만, 모든 것을 대비하기란 어렵다.

면접관은 무엇을 원하는가?

면접관은 질문보다 인상을 먼저 본다. 사실상 면접관이 보는 것은 조직사회에서 상대에게 말보다 먼저 인상으로 이미지를 전달하기 때문에 부드럽고 자연스런 인상을 평가한다.

"난 서류통과는 했으나 30번 모두 면접에 떨어졌어요."

자신 있는 행동이나 미소가 없었기 때문이다.

면접관은 질문보다는 첫째로 인상에서 풍기는 감정을 본다. 대인관계에서 인상은 중요하기 때문이고, 반복되는 생활 속에 매너가 원활한 조직을 이끌어 가는 데 필수이기 때문이다. 능력은 인정하지만 매일 험한 인상을 쓰고 있다면 다른 사원들에게 피곤함을 주기 때문에, 인상은 중요한 면접 요소이다.

좋은 인상을 주기 위해 면접 준비생들은 미소 짓는 훈련을 한다. 그런데 웃지 않는 사람 중에는 치아가 문제가 되는 경우가 많다. 웃으면 드러나는 입 구조, 상대에게 불쾌감을 주는 이빨 모양이나 누런 이, 웃는 모습이 비호감의 모습으로 보여 웃지 않게 되는 경우도 있다.

30번을 면접에서 떨어진 학생이 최후에 선택한 것은 좋은 이미지를 보여 주기 위한 치아 교정이었다. 뻐드렁니 구조, 틈이 벌어진 이, 누런 이 등을 하얗고 예쁜이로 교정한 이후 명랑하게 웃을 수 있었던 것이 합격의 비결이 되었다. 잇몸교정이 자신감을 만들어 준 것이다.

상대를 보고 말하고 크고 정확하게 말할 수 있는 자신감은 건강하고 바른 신체적 구조에서 나온다. 신체적 결함이 있을 때 소심해지고, 결함을 감추려는 행동으로 상대에게 괜한 오해를 만들 수 있다.

그렇다면 어떻게 웃어야 좋은 인상을 줄 것인가? 미소는 자연적이어야 상대에게 부담을 주지 않는다. 어색한 미소를 짓는다면 차라리 미소를 짓지 않는 편이 상대에게 편안함을 준다. 자연스런 미소는 평소 습관에서 나타난다.

소통을 위해 상대방의 니즈를 파악하자

대인관계에서 상대가 무엇을 원하는가를 찾아야 소통이 된다.

상대가 생각하는 것과 관계없는 이야기를 반복하거나 지속한다면, 일방적 대화이고 독백이 된다. 상대는 참을 만큼 기다리다 결국 자리를 떠나게 된다. 듣기 싫은 소리를 끝까지 참고 견디는 것처럼 어려운 것은 없다.

소통하려면 상대가 생각하고 원하는 것을 교류하는 공통의 관심사를 찾아야 한다.

동문서답(東問西答)

동쪽을 이야기하는데 서쪽을 보거나 이야기하는 사람이다. 조직생활에서 이처럼 동문서답을 하는 경우에는 지속적으로 활동하기 어렵다. 기업이 요구하는 것을 제시하지 못하는 사원이나 상대가 요구하는 것을 제시하지 못하는 사람은 조직 구성원으로서 인정받지 못하고 대화 대상자로서도 인정받지 못한다. 상대가 무엇을 어떻게 얼마나 원하고 있는가를 파악하는 것은 긍정적 사고와 적극적인 행동이다.

방관자의 입장에서는 상대와 소통하기 어렵다.

"알아서 해 봐."

상황파악을 하고 행동하라는 경고성 말이다. 어떤 사람은 알아서 자유롭게 행동하라는 것으로 오인하여, 조직에서 파면되는 경우도 있다.

소비자 조사는 대상과 방법에 따라 다르게 나타난다. 다양한 성격과 취미, 성향에 따라서 생활소득이나 환경, 지역에 따라서 소비층의 선호도는 다르다. 선진국가의 소비자 보고서를 후진국가의 소비층과 비교한다면 잘못된 것이다.

그리고 같은 층을 조사해도 질문방법에 따라서 소비자의 반응은 다르다. 긍정적 질문인가, 아니면 부정적 질문인가에 따라 다른 반응을 보인다는 것이다. 질문은 상대적이기 때문에 질문내용이나 방법에 따라서 다른 결과가 나타난다. 이러한 자료를 바탕으로 모든 소비층의 자료라고 제시하는 것은 일방적이다.

"이번 교육이 유익했나요?"

라는 질문지의 대답은 "예."라는 대답이 많다.

"이번 교육이 부족했나요?"

라는 질문에는 "예."라는 대답보다는 "아니오."라는 답이 많게 된다.

이유는 질문하는 방법이 상대에 대한 배려를 하지 않고 일방적으로 원하는 답을 얻기 위한 질문이었기 때문이다.

"이번 교육이 어떤 도움이 되었나요?"

라는 질문에는 단순하게 "예.", "아니오."의 답이 아니라 자신의 생각을 쓰기 때문에 구체적인 답으로 진실성이 높은 답변을 하게 된다.

"당신, 거기 간 거 맞지?"

형사가 의심이 가는 자를 추궁할 때, 유도적으로 하는 질문이다.

"거기 갔으니까, 네가 저지른 거 맞잖아?"

앞과 뒤를 잘라서 만들어 가는 각본을 만들어 추궁하고 압박을 가하여 자백을 받는다. 이런 자백이 진실로 인정받지 못하는 이유는 상대의 생각을 강제로 만들었기 때문이다.

심리분석가는 강압적으로 상대의 생각을 끌어내지 않는다. 상황을 만들고 상황 속에 자신이 했던 역할을 유도하여 스스로 고백하는 형식으로 심리적 갈등이나 분열을 자극시켜 말하도록 한다. 자백과 고백은 다르다. 부정적 질문으로 소비자의 갈등심리를 자극하는 것은 올바른 방법이 아니다.

대화는 상대적이다

가는 말이 고와야 오는 말도 곱다.

속담이지만 생활 속에 발생하는 무수한 사건의 발단요인이다. 화해와 이해는 상대적 관계를 원만하게 해결하는 방법이고, 갈등과 대립은 상대의 심리를 자극시켜 서로의 관계를 깨뜨리는 방법이다.

"야, 이리 와!"

상대의 말에 자극받아 흥분하는 경우와 감동받아 심리적 변화가 일어나는 경우가 있다. 긍정적 대화는 긍정적 자세로 반응하고, 부정적 대화는 부정적 자세로 대립하게 되므로 대화는 상대적이다.

"이리로 올래?"

명령이나 지시적인 말에 흥분했던 아이가 올 것인지에 대한 의사를 물어보듯이 조용히 말하면, 차분하게 지적한 곳에 앉는다. 행동은 말에 반응하기 때문이다. 어떻게 어떤 어조로 말을 하는가에 따라서 반응이 달라진다.

심리분석가는 상대의 마음을 적절하게 자극시켜 문제를 해결시킨다. 상대방의 입장에서 이해하고 옹호하면서 편견이나 집착, 고통이나 환각상태에서 발생하는 폭력이나 폭행, 고립이나 자폐 등의 폐쇄적인 공간에서 심리적 안정을 이끌어 내는 것은 상대적인 대화와 상담이다.

공격적 언어는 상대를 긴장시키고 흥분하게 만들지만, 상대를 인정하고 칭찬하는 긍정적 언어는 상대를 편안하게 만든다. 이처럼 주고받은 언어가 상대의 마음과 행동을 자극시킨다.

상황이 급박할수록 침착하게 대화를 나눈 것이 현명하고, 흥분할 때는 분위기를 전환하여 대화하는 방법을 선택해야 한다. 흥분한 사람과 대화하면 감정이 깊어지기 때문에 상황을 바꾸는 지혜가 필요하다. 당사자와 대화를 직접 하기 전에 중간에 대화를 조정하는 사람이 있다면 원만하게 상대적인 대화를 하게 된다. 조정자가 없을 때는 스스로 긴 호흡을 하며 마음을 가다듬고 대화를 하는 것이 현명하다.

4

자리의 힘을 활용하라

당신에게 가장 중요한 때와 당신에게 가장 중요한 일과
당신에게 가장 중요한 사람은 누구인지 아는가?
당신에게 가장 중요한 때는 지금 현재이며,
당신에게 가장 중요한 일은 지금 하고 있는(추진하고 있는) 일이며
당신에게 가장 중요한 사람은 지금 만나고 있는 사람이다. —톨스토이

상황별 자리의 힘

어느 자리에 앉느냐에 따라 상대로부터 협조를 얻어 낼 수도
있고 그렇지 않을 수도 있다. 상대가 앉는 위치를 보면, 그 사
람이 당신에 대해 어떤 생각을 가지고 있는지 알 수도 있다.

▪ 모서리에 앉는 위치

　서로 편하게 대화를 나누는 자리로 원활한 대화를 이끌고자 할 때 도움이 되는 자리이다. 상대와 시선을 교환하기도 편하고, 상대의 몸짓을 살펴보기에 좋으며, 탁자 모서리는 약간의 방어막 역할을 하기도 한다. B가 A에게 자신의 의견을 전달할 때, 전략적으로 좋은 효과를 거둘 수 있는 자리이다.

▪ 협조적인 자리

　공동작업을 해서 하나의 결론을 내어 합의를 이끌어 낼 때 나란히 앉는 것이 좋다. 눈을 마주치면서 상대의 제스처를 따라 할 수 있기 때문에 자신의 의견을 이야기하고 상대를 설득하기 좋은 자리다. 상대에게 신뢰감을 전달할 수 있는 무언의 신호의 자리는 상대의 오른쪽 자리이다.

■ 제3의 인물을 소개하는 자리

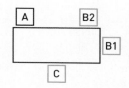

　영업사원이 고객에게 부족한 부분을 설명을 하기 위하여 전문가를 동행하는 경우는 어디에 앉아야 효율적일까? 고객의 A의 맞은편인 C 자리에 전문가 앉고 영업사원은 B1또는 B2자리에 앉아서 고객을 대신하여 전문가에게 질문을 할 수 있다.

■ 마주보고 앉는 자리

　테이블 사이가 방어막 역할이 되면서 두 사람이 경쟁적 방어적 분위기가 조성된다. 이런 자리는 논쟁을 벌일 확률이 높고 대화시간이 짧아져 대화내용도 잘 기억하지 못하는 것으로 밝혀졌다. 비즈니스 상황일 때는 부하직원을 질책하거나 서로 경쟁할 때 앉는 위치이고, 사교적인 만남일 때는 연인들이 자주 앉는 위치로 서로 마주보고 시선을 교환하기 편한 자리이다.

상대의 협조를 구하고 싶다면 협조적인 자리와 모서리에 앉는 자리가 유리하다.

■ 관심이 없는 자리

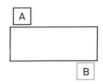

서로 대화하기 싫은 자리, 서로에게 관심이 없는 자리이다.

■ 권위적인 자리

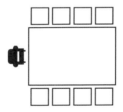

테이블의 머리 쪽에 앉은 자리는 권력을 사용할 때 앉는 권위적인 지도자의 자리이다. 간단한 핵심적인 이야기를 할 때, 권위를 보여 주고 싶을 때 앉으면 효과적이다. 그러나 이 자리는 직원들에게 무겁게 보일 수 있으며, 회의 내용에 따라 직원들의 반감을 살 수 있는 자리라는 것을 염두에 두는 것이 좋다.

■ 코치 스타일의 지도자 자리

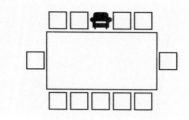

  탁자 중간의 자리는 지도자가 협조를 구할 때 앉으면 효율적
인 자리이다. 다른 의견을 원활히 이끌어서 미팅결과를 좋게
얻을 수 있을 때 앉으면 좋은 자리이지만, 자칫하면 통솔력 없
고 나약한 지도자로 의심받을 수 있으니 주의해야 한다.

■ 눈에 띄거나 숨기에 좋은 자리

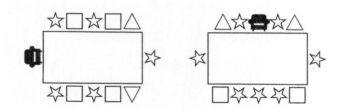

  별(☆)로 표시한 자리는 회식이나 미팅참석 시 눈에 띄는 자
리이다. 스스로의 존재감을 보이고 싶을 때 적극적으로 미팅
에 참여할 수 있는 자리이다. 네모(□)로 표시한 자리는 미팅
에 적극적으로 참여하고 싶지 않은 경우에 앉아야 하는 중립

적인 자리이다.

　세모(△)로 표시한 자리는 단지 참석에 의미를 둔 존재감이 없는 자리이다. 마지못해 참석한 의미로 보일 수 있는 자리로, 숨을 곳을 찾는 사람들이 앉기에 알맞은 자리이다.

■두 사람의 관심을 나에게 집중시켜야 할 때

　A에게 질문의 대답을 할 때, B가 소외감이 느끼지 않게 하는 방법은 다음과 같다. A가 질문을 하면 A를 보면서 이야기를 시작하고 B에게도 시선을 마주친다. A와 B를 번갈아 보면서 이야기를 하면서 두 사람에게 관심을 주어야 하며, 마무리를 할 때는 질문한 사람을 보면서 대답을 하면 된다.

자신의 브랜드를 만들어라

브랜드를 세워라. 당신의 이름, 혹은 당신 사업 이름,
그 자체를 상품화하라. ─프레드 데루카

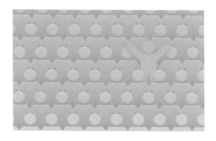

자신의 단점을 장점으로 브랜드화하라

모든 사람에게는 단점이 있다. 가끔씩 단점을 보이는 것은 상
대에게 친근감을 줄 수 있는 계기가 될 수 있다. 특히 예술가의
급한 성격, 세일즈맨의 포장된 말솜씨, 전문가들의 예민한 성

격 등 특정 분야의 직업을 가진 사람에는 독특한 단점이 있을 것이라고 생각한다. 이러한 단점은 전문 분야의 브랜드이미지를 더욱 확실하게 만든다.

자신이 가지고 있는 성격 중 부족한 끈기, 이기적인 태도, 급한 성격, 부족한 배려심 등 단점이 있다면 감추지 말고 솔직하게 인정하라. 이러한 모든 것들을 긍정적으로 검토한다면 단점을 장점으로 만들 수 있다. 자신의 문제를 솔직하게 받아들여 단점을 보완하기 위해 노력하는 것이 무엇보다 필요하다. 긍정적인 퍼스널브랜드는 반쯤 담겨진 물컵을 보고 그 컵을 보충하는 여러 가지 방법을 찾아내는 것이 중요하다.

긍정적 사고와 인내력을 보여 주는 대표적인 사람으로 랜스 암스트롱을 꼽을 수 있을 것이다. 1996년 세계 사이클대회 우승을 휩쓴 암스트롱은 고환암 진단을 받았고, 종양은 이미 뇌쪽으로 퍼져 생존가능성은 40퍼센트밖에 되질 않았다. 결국 프랑스대표팀은 그를 사이클 명단에서 사라지게 만들었지만 암스트롱은 포기하지 않고 다시 도전해서 3년 후 1999년 메이저 사이클대회에 도전하여 우승을 하였고, 2000년, 2001년 연속우승을 하게 되었다. 이것은 연속우승이 단순한 우승이 아니었음을 보여 준 셈이다.

오늘날 암스트롱은 많은 사람들에게 믿음의 힘을 알려 주는 존재로서 용기를 북돋아 주고 있다. 부정적이고 닫힌 사고는 퍼스널브랜드를 만드는데 암 덩어리와 같은 존재다. 자신감과 할 수 있다는 열정을 꺾을 수 있는 것은 아무것도 없다. 차분하고 현실적인 행동을 하여 단점을 강점으로 변화시켜라. 인간의 모습은 언젠가 들통이 나게 마련이다. 단점을 숨기지 말고 퍼스널브랜드의 일부로 포함시켜라. 부족한 부분을 수정하고 반복해 노력한다면, 당신은 진정한 퍼스널브랜드를 만들 수 있을 것이다. 남다른 방법으로 자신을 차별화시킬 때 제대로 된 퍼스널브랜드를 만들 수 있다.

브랜드를 홍보하는 일은 상당한 시간이 걸린다. 나만의 브랜드를 만들기 위해서는 모험을 두려워 말라. 두려움은 퍼스널브랜드를 만들기 전 실패의 원인이 된다.

독창적인 퍼스널브랜드를 만들기 위해서는 상대의 눈에 거슬리게 되어 있다. 모든 사람들에게 좋은 반응만 있는 것은 아닐 것이다. 일부 사람들의 부정적인 시선 때문에 포기해서는 안 된다. 사람들의 부정적인 시선으로 생긴 어려움을 퍼스널브랜드의 범위로 넓혀 가고 있다고 생각하라.

진정성이 담긴 퍼스널브랜드를 만들어라

모든 사람들은 자신만의 퍼스널브랜드를 가지고 있다. 당신에 대한 사람들의 인식과 당신을 떠올리게 하는 이미지, 당신에 대한 기대감, 이 모든 것이 하나로 어우러져서 나온 결과물이 바로 자신만의 퍼스널브랜드다. 개인이 가지고 있는 여러 가지 요소들이 하나의 브랜드로 나타난다.

당신의 퍼스널브랜드를 알고 있는가? 사람들은 자신도 모르게 브랜드화 되어 가고 있다. 그동안 자신도 모른 채 어떤 브랜드가 만들어져 왔던 것은 분명하다. 남에게 나란 존재를 어떻게 소개할 것인가? 사실 그 소개는 실제로 진짜 나의 모습이 아닐 수도 있다. 당신이 없는 자리에서 당신의 지인들이 말하는 것이 오히려 정확한 나의 평가가 될 수가 있다.

당신의 말과 행동이 얼마나 상대에게 신뢰감이 느껴지게 하는가? 당신을 기억하게 하는 자신만의 특별한 코드는 무엇인가? 내면적인 열정, 긍정, 인내, 자신감 등 보이지 않는 요소에 집중할 것인가? 아니면 학벌, 학연, 지위 등 눈에 보이는 것에 집중할 것인가?

무엇으로 자신을 브랜드화 시킬 것인지는 본인의 선택이다. 중요한 사실은 무엇이든지 상대에게 나의 브랜드가 강렬히 기억될 수 있게 하는 것이다. 주위 사람들에게 당신에 대한 의견을 들어 본다면, 자신의 퍼스널브랜드를 어떻게 만들어야 하는지 알 수 있다. 다른 사람을 대할 때 호감, 당신이 제공하는 서비스에 대한 평판 등 퍼스널브랜드는 당신이 생각하는 것보다 더 많은 영향을 미치게 된다. 만약 기존 나의 대한 브랜드가 나쁘게 각인이 되었다면, 그것을 변화시키기 위해 많은 노력을 해야 할 것이다. 자신의 메시지를 전하는 데 도움을 줄 자신만의 고유한 이미지로 브랜드화 시켜 보자.

당신의 브랜드를 만드는 데 도움이 되는 기본 원칙들

퍼스널브랜드가 과연 속임수일까? 그렇지 않다. 모든 과정을 당신에게 유리하게 브랜딩 할 뿐이다. 개인의 가치, 진실성과 장단점 위에 만들어진 퍼스널브랜드가 바로 그 사람의 진실된 브랜드다. 개인 브랜드는 행동, 성실함, 열정, 인성 등 개인에 해당되는 모든 것들을 포함한다.

대부분의 사람들에게는 이러한 다양한 특성이 있지만, 훌륭한 퍼스널브랜드를 만들기 위해서는 브랜드의 전체적 특성을 파악하여 그 브랜드를 만드는 대표적 특성을 선택하는 것이 좋다. 그리고 성공적인 나의 개인브랜드를 만들기 위해서는 단계별로 전략을 세워 실천하는 것이 필요하다.

그럼 당신의 브랜드를 만드는 데 도움이 될 만한 기본원칙 대해 살펴보기로 하자.

- 자신의 브랜드 정체성을 찾아라
- 내가 가장 자신있는 하나에 집중하라
- 자신을 빛나게 하는 Appeal Point를 찾아라
- 자신의 브랜드가 성장할 시간을 줘라
- 자신의 분야에 가장 존경받고 능력있는 사람으로 인정받도록 하라
- 보이지않는 자신의 사적인 이미지도 공적인 브랜드 이미지와 일치시켜라

퍼스널브랜드의 가치를 높이기 위해서는 내면과 외면의 아름다움을 발견해서 그것을 발전시키고 성장해 나가는 노력이 필요하다.

당신은 남들에게 어떻게 기억되고 싶은가? 아마도 남들에게 좋은 사람으로 기억되고 싶을 것이다. 결국 내 자신을 제대로 표현하지 않으면 상대방은 또 다른 왜곡된 사람으로 나를 보게 될 것이다. 결국 퍼스널브랜드는 내 자신을 제대로 표현해 주는 것이라는 생각이 든다.

따라서 퍼스널브랜드란, 당신에 대한 이미지를 잘 브랜딩하여 당신이 원하는 목표 달성에 도움이 되도록 전략적으로 관리하는 것이다. 성공한 사람들의 '오늘'은 결코 우연이 아니다. 그들은 치밀하게 꾸준히 그들만의 브랜드를 만들어 나간다.

무엇보다 자신을 객관적으로 평가하는 것이 중요하다. 냉정한 자기평가는 퍼스널브랜드 개발에 큰 영향을 미친다. 퍼스널

브랜드를 세우기 위해서는 솔직하게 자신을 평가해야 하며, 최고의 퍼스널브랜드를 만들려면 자신의 약점을 인정하는 용기가 필요하며 신뢰성을 갖추는 것이 무엇보다 중요하다.